智元微库
OPEN MIND

成 长 也 是 一 种 美 好

好的养育，
妈妈不累

给妈妈减负的5大魔法

张杨 —————————— 著

人民邮电出版社

北京

图书在版编目（CIP）数据

好的养育，妈妈不累 ： 给妈妈减负的5大魔法 / 张
杨著. -- 北京 ： 人民邮电出版社，2023.9
　ISBN 978-7-115-62370-6

Ⅰ．①好… Ⅱ．①张… Ⅲ．①家庭教育 Ⅳ．①G78

中国国家版本馆CIP数据核字(2023)第138262号

◆　　著　　张　杨
　　责任编辑　林飞翔
　　责任印制　周昇亮
◆人民邮电出版社出版发行　　北京市丰台区成寿寺路 11 号
　邮编 100164　电子邮件 315@ptpress.com.cn
　网址 https://www.ptpress.com.cn
　河北京平诚乾印刷有限公司印刷
◆开本：720×960　1/16
　印张：14.75　　　　　　　　　　2023 年 9 月第 1 版
　字数：200 千字　　　　　　　　2023 年 9 月河北第 1 次印刷

定　价：69.80 元
读者服务热线：（010）81055522　印装质量热线：（010）81055316
反盗版热线：（010）81055315
广告经营许可证：京东市监广登字 20170147号

前　言 ——————————

这本书是写给在巨大的养育压力下，为陪伴孩子还是实现自我价值而纠结，在作为妈妈的责任和自己的幸福生活中艰难抉择、反复挣扎的妈妈们的。

如果身为妈妈的你感到很辛苦很累，孤立无援、压力很大，价值感低到了谷底，经常陷入焦虑情绪，如果你希望从这样的状态中走出来，变得更加快乐、轻盈，更有能量，那么这本书就是专门为你而写的。

从"单向牺牲"到"双向滋养"

很多妈妈误认为陪伴孩子成长就是要以牺牲自己的自由时间、青春、职业发展为代价，所以一方面出于做妈妈的责任，愿意为孩子付出并牺牲自己的需求和兴趣爱好；另一方面又因为不断地付出和牺牲，得不到生命的滋养，能量越来越低。这让她们在疲累或耐心消耗殆尽时很容易对孩子大吼大叫；在不被家人理解和肯定时深感委屈，所以经常抱怨，甚至因为一件小事就对伴侣大发雷霆。

这背后是"**单向牺牲**"的思维模式。在这种思维模式下，妈妈为孩子的生活和成长牺牲自我，孩子却没有滋养妈妈的生命。这是很多妈妈压力巨大、非常焦虑，自身能量变得越来越低的一个重要因素。

职场妈妈早出晚归，没时间陪伴孩子，对于孩子不好的行为不知道该怎

‖

么教育纠正，所以很焦虑。

全职妈妈虽然没有工作方面的压力，但可能会因为长期在家带孩子而和社会脱节，一想到孩子长大后自己该做点什么事时，也很焦虑。

甚至还有一些全职妈妈，认为自己只能带孩子，不能分担家庭经济压力，感觉自己一点儿价值都没有。

有的妈妈为孩子的学习成长焦虑，孩子的教育规划、学习习惯的培养、学习和玩乐时间的安排……随便一件事都让人"头大"。如果孩子体质比较差，三天两头生病，就更让人焦虑了。

有些家庭，孩子的爸爸工作很忙，经济条件又不允许请保姆，照顾孩子的责任落在妈妈一个人身上，每每孩子出现问题，妈妈就感到很心累。

有些妈妈与孩子的爷爷奶奶住在一起，彼此在育儿理念方面的差异太大，爷爷奶奶经常指责妈妈没有教好孩子、否定妈妈的努力，妈妈越发焦虑。

还有些妈妈生活里只剩下了生存，很多想做的事情不得不搁浅；夫妻俩的交流大多是交代事情、讨论孩子，很少有思想和情感的沟通，这些妈妈无助时连伴侣的支持都得不到，唯一的舒压方式就是自己一个人偷偷地哭泣。

其实，对妈妈们来说，无论要承担的家庭工作、要面对的养育问题有多少，也无论压力和焦虑有多大，只要有好的能量状态，这些问题都不再是问题，压力和焦虑也可以得到缓解，甚至完全消散。

困住你的不是问题本身，而是你的能量状态。只要有了好的能量状态，你内在的潜能会被激活，你就能见招拆招，你的生命会重新绽放。

如果你想成为一位高能量的妈妈，很重要的一点就是转变思维，把单向牺牲的浅层陪伴变成**双向滋养**的深度陪伴，让陪伴不只滋养孩子，也滋养你自己。

什么才是双向滋养的深度陪伴呢？它是指妈妈既关注孩子的需求、感受和成长，也关注自己的需求、感受和成长。孩子能从妈妈的陪伴中得到滋养，妈妈也能从陪伴孩子的过程中得到滋养。这正是贯穿本书的底层思维模式。

你不是家庭保姆，你是家庭CEO

有些家庭，孩子的爸爸只需要安心工作赚钱养家，几乎不用为孩子和家务操心，而妈妈除了忙于自身的工作，还要承担养育孩子和料理家务的重任。孩子幼小的时候，妈妈晚上要给孩子喂奶、换"尿不湿"，盖被子，几乎无法睡完整觉。

睡不好、太累、分身乏术时没人帮忙，得不到伴侣和家人的认可和理解，没有价值感，孩子出现各种问题时不知道如何应对……这些是很多妈妈长期感到压力巨大和焦虑的根源。

其背后是整个社会对"妈妈"这个角色的期待：妈妈不带娃，就是罪过；爸爸偶尔带个娃，就是模范奶爸。

但是我认为，"妈妈"不是"家庭保姆"，每一位妈妈最大的价值体现是成为"家庭CEO"。

那么"家庭保姆"和"家庭CEO"有什么不同呢？

如果妈妈对自己的定位是"家庭保姆"，那么其责任就是尽可能把家务做好，把孩子照顾好，付出的是工作之外全部的时间和精力，其价值就体现在饭做得好不好吃，家里打扫得干不干净，孩子有没有生病，孩子的学习成绩好不好。伴侣、孩子或者公婆对其中任何一项反馈不好，妈妈都会感觉是对自己价值的否定，个人的能量状态会因此非常低落，甚至有些妈妈会因为长期得不到

IV

家人在这几方面的肯定而陷入抑郁的状态。

如果妈妈对自己的定位是"家庭CEO"，那么她的责任就是通过调动一切可用的资源，让孩子、伴侣以及自己都能够得到很好的照顾，让整个家庭更幸福，此时妈妈付出的是"调动资源的能力"以及"认知水平"。妈妈的价值就体现在能够调动多少资源，以及整个家庭是否幸福指数更高，即便孩子哪天没做作业被老师批评了，考试成绩排名比较靠后，即便自己做的饭菜不好吃，都无法掩盖作为家庭CEO的价值贡献。

如何帮助妈妈们完成从"家庭保姆"到"家庭CEO"的角色升级，也是本书的核心目标。所以，本书面对的读者，是有志于成为"家庭CEO"的妈妈们。

深度陪伴 + 家庭 CEO= 深度陪伴 CEO

如果你已经具备了深度陪伴的双向滋养思维模式，也找到了自己作为"家庭CEO"的正确定位，那么恭喜你，现在你有了一个全新的身份——"深度陪伴CEO"。从这个全新的身份开始，你将会摆脱低能量的状态，成为高能量妈妈。

回到生活中那些曾经让你特别焦虑、特别有压力的事情上，想想看，一位"深度陪伴CEO"会如何做呢？

比如孩子做作业总是拖拉磨蹭，妈妈每天晚上都陪伴到很晚，但情况并没有任何改善；老师总在班级群里点名批评孩子，妈妈接近崩溃。

身为"深度陪伴CEO"的妈妈，会首先照顾好自己的情绪。孩子做作业拖拉磨蹭并不等同于做妈妈的失败，想清楚这一点，你会更加平和地看待这件事。

其次是照顾好孩子的情绪，告诉孩子"妈妈更关心你的健康，现在已经 9 点了，你先睡觉，作业效率低的问题我们明天一起想办法解决"。

再次是开始思考身边有哪些资源可以帮到孩子。你可能会去和孩子沟通，听听孩子对作业的想法；可能会去和孩子的老师沟通，听听老师的建议，请老师在学校多多鼓励孩子；也可能会学习如何读懂孩子的需求，了解孩子做作业拖拉磨蹭的深层原因；还可能会去寻求孩子爸爸的帮助，让孩子爸爸抽时间带孩子出去散心、运动，和孩子聊一聊。

最后你发现，原来孩子做作业拖拉磨蹭是因为玩耍的需求没有得到满足，你开始学习尊重孩子的感受，并且允许孩子每天放学后先尽情地和同学玩 1 小时。你发现，孩子回到家后做作业的效率大幅提升，问题得到解决。

同时，你也觉察到，自己以前总是希望孩子先做作业再玩耍，其实是因为自己不相信孩子有自律能力。不相信孩子，可能是因为你小时候也没有得到父母足够的信任，所以你从来没有过需求被满足所带来的最大限度地释放潜能的状态。

通过这件事，你懂得了为何自己做事情总是提不起劲，因为你总是在压抑自己的需求，从来没有真正"看见"和满足自己的需求，所以做事时无法全然投入，内心有很多纠结和无谓的能量消耗。

于是，借由"孩子做作业拖拉磨蹭"的问题，你突破了原生家庭对你的束缚和影响，获得了个人成长。同时，孩子的需求被你看见，他也因此感到轻松自由，做作业的积极性也提高了，孩子同样也成长了。你作为"深度陪伴 CEO"，并没有因为孩子做作业拖拉磨蹭而能量变低。相反，你越来越懂孩子，你和孩子都在成长，你的能量也越来越高。

我想，这一定是每一位妈妈最渴望拥有的状态。

VI

深度陪伴 CEO，手握 5 个魔法

作为深度陪伴 CEO，我们一定不要忽略自己调动资源的能力，你的手中有一根调动资源的魔法棒。

你不是孤军奋战，你不需要"蜡炬成灰泪始干"般地在烦琐的养育事务中透支自己的精力和能量。你可以通过学习成长，调动家庭系统和社会系统的资源来实现你想要的生活状态，成为高能量的妈妈。

下面这些你可以调动的资源，就是你可以利用的魔法。

第一，你是你可以调动的最大资源

无限制地消耗自己的时间、精力，透支自己的身体和能量，是压榨自己。"打开"自己的正确方式，是多关怀自己，对自己好一点儿，这样你才能让自己的能量永不枯竭。

所以第一个魔法是"对自己好一百倍"。本书第一章会详细讲解如何通过"对自己好一百倍"的魔法，助你成为能量更高的妈妈。

第二，孩子的爸爸是你触手可及的资源

正确"打开"孩子爸爸的方式，不是去要求他、改变他，因为没有任何人愿意被他人改变。

你要想办法调动孩子爸爸，让他自发自愿参与对孩子的有效陪伴，和你共同经营好你们的家庭。

所以第二个魔法是"用对大忙人爸爸"。本书第二章会详细讲解如何"用对大忙人爸爸"。

第三，你的孩子也是为你所用的资源

养育孩子就像在走一座迷宫，妈妈需要找到迷宫的"地图"。如果你能

读懂孩子的"地图"，就能用更少的时间和精力解决你和孩子之间的冲突，构建更牢固的亲子关系；还能够通过对孩子的深度陪伴，让自己也得到成长和滋养。

所以第三个魔法就是"读懂孩子的地图"。本书第三章会详细讲解如何"读懂孩子的地图"。

第四，你的原生家庭也是你可以调动的资源

有些人会认为，原生家庭给了自己很多束缚，是自己成长的绊脚石或障碍。其实，每一位妈妈的原生家庭也可以成为她能够调动的资源。如果能够直面自己的原生家庭，去觉察那些来自原生家庭的、曾经束缚和压制你潜能的信念，你就可以冲破原生家庭的束缚，彻底释放自己的潜能。

所以第四个魔法就是"冲破原生家庭的束缚"。本书第四章会详细讲解"冲破原生家庭的束缚"的魔法。

第五，其他可以被你调动的资源

除了刚才提到的资源，还有很多可以被你调动的资源。比如孩子学校的老师、你居住的社区、你在互联网上加入的妈妈社群、家里请的保姆、孩子的兴趣班……只要你不再封闭自己，愿意打开自己，接受更多的帮手和助力，整个宇宙都可以成为你的资源。

所以第五个魔法就是"让整个宇宙都来帮你"。本书第五章会详细讲解"让整个宇宙都来帮你"的魔法。

每一位有志于成为"深度陪伴CEO"的妈妈，都拥有这5个魔法。而为了帮助你更好地行动起来，本书还提供了80多个真实的家庭案例。

现在，你准备好"变身"了吗？

目 录 ————————

‖

第二章　魔法 2

用对
"大忙人"爸爸

第三章　魔法 3

读懂
孩子的"地图"

第四章　魔法 4

冲破
原生家庭的束缚

第五章　魔法 5

让整个宇宙
都来帮你

第一章

魔法 1

对自己好一百倍

每一位妈妈都身兼多重角色，我们除了是孩子的妈妈，还是丈夫的妻子、父母的女儿、公婆的儿媳、公司的员工、领导的下属……我们尽心尽责，努力做好每种角色需要我们做好的事，却往往不重视甚至忽略了我们最重要的角色：自己。

你尽心尽责地扮演好了 99% 的角色，唯独忘记了自己。没有了自己，其他角色扮演得再好，你又怎么可能开心和快乐呢？又怎么可能有高能量呢？

要知道，**人最重要的角色是"自己"**。对每一位妈妈而言，最重要的也是做好"自己"，其次才是做好"妻子""妈妈"以及其他角色。当你把"自己"放在中心位置，你会发现，**你曾经劳心劳力"照顾"和"配合"的对象——孩子、丈夫、父母、公婆、孩子的老师——现在都是助力你绽放生命的资源。**

如果你想成为高能量的妈妈，首先要做的是，从现在开始，对自己好一百倍。

本章会提供 13 种方法，帮助你学会爱自己，成为高能量的妈妈。

004

你太不爱自己了

有时候，我们觉得陪伴孩子特别辛苦，是因为我们把生活的重心放在了孩子身上，总是围着孩子转。

➥ 不要围着孩子转

孩子饿了，就赶紧给孩子做饭；孩子困了，就赶紧哄孩子睡觉……在这些过程中，你忽略了自己的感受，总是选择踏上"单向牺牲"的路。

— 陪伴孩子不再辛苦和心累 —

如果你能改变"围着孩子转"的状态，关注自己的感受，你会发现，养育孩子，并非只能"单向牺牲"，还有一种方式叫作"双向滋养"，即你在陪伴孩子的同时，自身也得到滋养，从而使你获得更高的生命能量。

我家二宝雄雄1岁开始断奶，从那时起我每天晚上大概都要花1小时哄他入睡，无论我多么努力、多么耐心，都需要这么久，和之前喂母乳时的"秒睡"简直是天壤之别。

我想，与其着急，还不如放下焦虑，把期待放低，不再想着半小时内把孩子哄睡了，接受现状：这孩子他就得 1 小时才能哄睡着。

有了这样的想法后，我顿时就觉得轻松了，到了该睡觉的时间，我允许他随便在床上折腾，正好我白天上班没时间陪他，就安心地享受睡前这 1 小时的亲子时光吧。

在这 1 小时里，我会放下所有事，不管工作，不管时间，把孩子带到房间里，关上灯，专心地陪在孩子旁边。

有时候孩子会趴在我肚子上玩儿，有时候他会在床上跳，有时候他会闹着要开灯出去，有时候他会摸我的耳朵，有时候他会要我背他……我想，能有一个软萌软萌的小宝宝，黏着我、亲我、抱我，是多幸福的事啊。

后来雄雄会说话了，我就给他在睡前固定增加了 2 个"玩中学"的游戏。一个是让雄雄用英语向各种物品及小玩偶说晚安，这样就利用睡前陪伴时间给他做了英语启蒙；另一个是问雄雄白天干了什么，最开心的事情是什么，训练他的记忆力和语言表达能力。

通常，雄雄前一秒还在念叨着什么，下一秒就没声了，睡着了。

当我不再把注意力全部放在孩子什么时候入睡上，而是关注起自己的感受，就不再因为孩子难以哄睡而焦虑，相反，孩子的睡前时光对我变成了一份滋养。

— **即便孩子有一堆问题你也不再焦虑** —

有时候，孩子会一下子冒出来一堆问题，令妈妈特别抓狂：我要怎样才能让孩子不拖拉磨蹭？怎样才能让孩子不发脾气？怎样才能让孩子成绩变好？

你围着孩子转，一心想"解决孩子的问题"，偏偏这些问题又没法如愿在短期内得到解决，你就可能会很焦虑，甚至因此失眠。

这个时候，你可以尝试跳出"围着孩子转"的惯性，**先关注自己的感受和成长**，问一下自己：我如何借这件事让自己成长呢？

我最喜欢的一种生活理念，就是**把所有问题都看作成就自己的机会**。这样你就会逼迫自己学习，承担起对自己的责任。你是孩子的妈妈，是照顾孩子的人，谁都无法替代你成长。就算你付钱给我，我也替代不了你，我只能帮你分析、告诉你方法，但最终还要你放下依赖心理，成长起来。

不要把生活中的问题看作困扰。如果不是遇到这么多挑战和问题，你会成为现在的你吗？你的人生会有更多可能性吗？一定不会。

所以，看到孩子拖拉磨蹭、学习不自觉，同样的错误犯了一遍又一遍时，不要生气，暂停一下，告诉自己，这是孩子成就你的机会，把关注点放到自己身上。你会发现焦虑慢慢散去，剩下的是专注自我成长的平静。

—— 从全职妈妈的生活中跳出来 ——

有一次我出门打车，遇到一位女司机，让我惊讶的是，这位女司机是位全职妈妈。她每天早上送完孩子上学就出来开出租车，开到中午 11 点，再回家给孩子做饭。她说，自己以前每天的生活就是家务和孩子，孩子上学去了，自己也没人可以说话，很容易情绪不好；现在每天开车会遇到各种各样的人，开车的过程中可以与乘客聊天，她的情绪变好了，陪伴孩子也更有耐心了。

我觉得这位妈妈特别有智慧。因为客观地讲，全职妈妈确实非常辛苦，生活中除了孩子就是家务，缺乏人际交流，时间久了情绪特别不好，甚至抑郁了，自己还不知道。

所以，如果你是一位全职妈妈，建议你像这位司机妈妈那样，每天给自己一点完全属于自己的时间，出去参加一些社交活动，和别人聊聊天，给自己充充电，拥有好心情。这样，你会对孩子更有耐心，对你自己的身心非常有益，不至于让你为孩子透支自己的生命能量。

◯ 不要把"电量"耗尽

很多妈妈长时间处在疲惫的状态，尤其是周末，总想着带孩子参加什么活动。又要照顾孩子的衣食起居，又要带孩子出去，就容易疲惫。

如果整个周末都围绕孩子安排和计划，送孩子上兴趣班，带孩子去游乐场或公园，结果，妈妈把自己的"电量"耗尽，在回家的路上或睡觉前，孩子稍微有些闹，妈妈可能就被激怒了。

记得有一个周六，我想带着乐乐一起种点儿白菜。上午我去附近的花卉市场买白菜种子，回到家快 12:30 了，我赶紧给乐乐做饭。吃完饭没有休息，我们又马不停蹄开始种菜。本来打算种在阳台上，种的时候考虑到楼顶的光照更好一些，菜也会长得更好，于是决定种到楼顶。

装有土的花盆太重了，我一个人搬不动，只好先把土从阳台上的花盆里铲出来，再把花盆和土分批搬到楼顶去。

种完白菜，我已经累得筋疲力尽，看看时间离晚饭还早，想着乐乐心心念念了很久想看电影，于是马上订了电影票，带乐乐去附近的电影院看了一场电影。

晚饭后，乐乐说想去楼下玩，我便带他下楼玩。结果睡前洗漱时，乐乐不配合，我就开始不耐烦了，说话声音不觉大了起来。

好在乐爸提醒了我，我才突然意识到：是自己太累了才不耐烦，而不是因为孩子不配合。如果不是这一整天太忙太累，我是有足够的耐心和方法来应对乐乐的不配合的。

总是把自己的"电量"耗尽，是妈妈的"单向牺牲"思维在作祟。孩子精力旺盛、行动力强，妈妈往往很难拒绝孩子的请求。很多妈妈觉得多陪孩子玩一会儿，或者带孩子多去一个地方，完全可以做到或应该做到，于是不断地说服自己"答应孩子的要求吧""再多玩一会儿""再多去一个地方"，一直到自己的"电量"被耗尽。

"电量"耗尽之后，妈妈可能会对孩子大吼大叫，而且会把原因归结为孩子要求太多或太不听话，很少有妈妈会第一时间觉察到是自己的"电量"被耗尽了，才失去了陪伴孩子的耐心，不能很好地管理自己的情绪。

要想改变这一"电量"耗尽的状态，就需要多一些觉察，这是迈出爱自己的很重要的一步。

我把爱自己分为四个阶段：

第一个阶段，累了、不舒服了，不表达，表面看也没有任何负面情绪；

第二个阶段，累了、不舒服了，不表达但是会发脾气；

第三个阶段，累了、不舒服了，会表达出来让别人知道，对方也能感觉到你有积压的情绪；

第四个阶段，在情绪还没有达到临界点时，就能及时去觉察身体的本能反应，发现自己累了或不舒服了，第一时间休息，照顾好自己的身体，避免情绪爆发或"电量"被耗尽。

如果你处在第一个阶段或第二个阶段，表明你对自己的累或不舒服缺乏感知。就像前面提到的那位妈妈一样，明明很累很不舒服，还用各种理由说服自己再多陪陪孩子。

有时，我们的大脑里会有两个声音，当你有点累但还不是特别累，而孩子又很需要你时，第一个声音会冒出来："我累了，我不想做了。"但是这个声音经常被我们忽略，取而代之的是另一个声音："这点儿累是可以忍耐的，为了孩子，我还可以坚持的，没事的。"甚至有时候这个声音还会安慰我们："把孩子安顿好，剩下的时间就都是我自己的了。"

结果就是，我们往往没能坚持到拥有自己的时间，情绪就失控了。

所以，要想更好地陪伴孩子成长，最重要的功课就是千万不要让自己的"电量"耗尽。多提升自己的觉察力，让自己尽量处在爱自己的第三个阶段或第四个阶段。

因为只有你的能量高了，孩子才能因你的陪伴而受益。

⬯ 不要责备自己

自我反思是很好的习惯，它可以帮助你成长。但是过度自我反思反而会阻碍你的成长，让你的能量越来越低。

很多妈妈都有过度反思的习惯，凡事都从自己身上找原因，见到丈夫不开心，就反思自己哪里没做好或哪句话说得不恰当；丈夫拒绝帮忙带娃，会反思自己的请求是否合理；自己情绪特别低落、感到无助时，会反思是不是自己太矫情、太不知足，或者是否自己的情绪管理能力太差。越想越觉得自己问题多、自己不好，就这样，自己的能量状态也越来越低。

我曾经也是一个习惯于过度反思的妈妈。小时候，父母对我的教育是"凡事从自己身上找原因"。

记得小学时，有个同桌用圆珠笔在我的衣服上乱画。回到家，我自然会被妈妈说一顿，我解释是同桌画的，妈妈的第一反应是："为什么人家就画你身上不画其他人身上呢？肯定是你惹到人家了。"

所以，如果你总是从自己身上找原因，可以尝试从童年父母对你的教育方式入手找到这个问题的源头，不要再试图用"过度反思"剖析自己了，你太累了。

虽然有时候孩子的问题与你过往对孩子错误的养育方式有关，但你不用自责，更无须愧疚，因为自责和愧疚也是让你能量变低的因素；虽然有时候丈夫不回应你或拒绝帮忙可能与你说话的语气和情绪有关，你也不必为此自责，因为当时的你已经做到了能力和认知范围内的最好。

当你能够看到自己的局限性，就不会再试图通过"从自己身上找原因"来"自我归罪"，也不会试图通过"自我归罪"来让自己更有动力成长。因为"自我归罪"并不会让你改变和成长，只会降低你的自我效能感[①]，让你对自己

---

① "自我效能感"是由美国心理学家阿尔伯特·班杜拉（Albert Bandura）在 20 世纪 70 年代提出的。它是指个人对自己能力的评价和信心，即个人对自己是否完成某项任务的信念和期望。自我效能感会影响一个人在面临挑战和困难时的行为和情绪反应。

越来越不满意，越来越没有信心，从而不断损耗自己的能量，而一旦能量不足，即便你特别想改变，也不会真正去行动，因为你没有心力去行动和改变。

来自深度陪伴学员燕子的分享

我小时候最喜欢的衣服是白色的，但每次要穿，妈妈都很担心我把衣服弄脏，所以我穿白色衣服时会特别紧张，这种紧张反而会让我很快就把它弄脏，回家被妈妈一顿数落。

后来，我只要不小心弄脏白色衣服又洗不干净，情绪就会很坏，就会认同妈妈的话，把原因归于自己："都怪我，我就不该穿白色衣服，下次应该买深色的。"

后来我再也不穿白色衣服了，因为它们让我焦虑。

直到工作后，我有了工资，才开始重新尝试买白色衣服。我告诉自己，白色衣服本来就容易弄脏，不要怕，脏了就扔掉再买一件好了。把衣服弄脏有各种情况，并不总是我的原因，我不用责怪自己，不用总把责任往自己身上揽。

这位妈妈把问题归结到自己身上时，她的选择是放弃；但是当她放下从自己身上找原因，并且接纳"白色衣服本来就容易弄脏"，选择"脏了就扔掉再买一件好了"时，她实际上是选择了带着问题前行。她的能量没有被卡在"弄脏的衣服"上，自然就不再为此而情绪内耗了。

人生本来就充满了问题和挑战，只有具备了"带着问题前行"的勇气，你才能勇往直前，而不是试图去规避问题产生。

所以，从今天开始，不要总从自己身上找原因。学会爱自己，才能成为高能量的妈妈。

012

⊖ 不要被别人带偏

现在，妈妈们也特别内卷。

我们在网络上会看到明星妈妈生完孩子很快恢复了紧致的小蛮腰，立刻觉得自己生完孩子严重变形的身材很丑陋。

我们在朋友圈会看到别人家的妈妈随手一拍都是"大片"，养孩子是"专家"，婆媳关系其乐融融，夫妻关系亲密；再看看自己，孩子问题不断，生活一地鸡毛，夫妻形同陌路……立刻觉得自己的人生很失败。

内卷的人会疯狂外求，失去自己的判断力，追求马上看到成果，仿佛慢了一点儿，自己就是人生输家。

你之所以会焦虑，是因为你被网络上"别人家妈妈"展示的各种美好事物带偏了。网络上的信息是不完整的，还有很多是"幸存者偏差"。[1]

你看到别人家妈妈某一天给娃读了 10 本书，就确定那是她每天的常态吗？如果那不是她的常态，而是某一天的高光时刻，就不要觉得自己今天只给孩子读了一本书很差劲。

如果你总是把注意力放在别人怎么样上，就会变得不自信、焦虑不安，一会儿觉得这个好，一会儿觉得那个好，一会儿上这个课，一会儿上那个课，学习的时间很多，践行的时间几乎没有，这会让你本来就不高的能量被进一步耗散。

---

[1] "幸存者偏差"是由美国统计学家亚伯拉罕·瓦尔德（Abraham Wald）提出的，它是指因为我们只能看到那些幸存下来的人或事物，而忽略了那些没有幸存下来的人或事物，从而导致我们对某些事物的认知出现偏差。在研究和决策中，我们需要注意到幸存者偏差的存在，以避免因为过分关注"幸存者"而导致的认知偏差。

正确的做法是让注意力回到自己身上：我想成为怎样的妈妈，我希望如何陪伴孩子，我应该如何去实现这些目标。专注在你的目标上，行动起来，你的能量会重新聚集起来。

弄清自己当下的状态是外求还是内求很重要，思考这一问题会让你不断聚焦自身，不容易被别人带偏。

这个世界上最稀缺的就是时间和注意力，每个人都在想尽一切办法用"噱头"和"焦虑"来吸引你的注意力，不要让自己上当，远离让你焦虑的圈子，做一个清醒的妈妈，你会发现，你的能量会越来越高。

学会做"60分妈妈"

英国精神分析学家温尼科特在20世纪50年代曾经提出"60分妈妈"的概念，英文原文是 good enough mother，直译过来是"足够好的妈妈"，但是国内的心理学家习惯称为"60分妈妈"。为什么呢？

温尼科特对 good enough mother 的定义是，对婴儿期的孩子，妈妈会给予全然的关注，对孩子的需求几乎完全满足，但随着时间的推移，妈妈不太可能一直保持对孩子的全然关注，对孩子愿望和需求的反应开始变得松缓，而且随着孩子能力的增长、自我意识的发展，妈妈不被孩子需要的情况越来越多，这时妈妈会感受到"失败"和"被抛弃"，但是妈妈要根据孩子逐渐增长的能力来应对这一"失败"感。如果我们把对婴儿期孩子的关注和对其需求的满足程度定义为100分的话，那么在那个阶段过后，妈妈只需要做到60分就足够好了。能做到这一点，就是 good enough mother。

除此之外，我认为每一位妈妈也可以降低对自己所做事情的期待，把要求自己做到90分甚至100分，改为做到60分即可，这样你会发现自己活得更加轻盈、更加放松。

☺ 不要给孩子"收拾烂摊子"

很多妈妈说带孩子特别累，什么事情都要盯着孩子做，可提醒了孩子很多次孩子也不做，导致自己每天除了工作，其余时间全在围着孩子转，一点儿休息的时间都没有，更别说做自己喜欢的事情了，所以能量越来越低。

通常，有这种感受的妈妈都特别喜欢跟在孩子后面帮孩子"收拾烂摊子"。比如：孩子进家门后把鞋脱得东一只西一只的，妈妈赶紧帮孩子把鞋放进鞋柜里；孩子的书桌乱七八糟，妈妈会抽空帮孩子整理整洁；孩子到了学校才发现少带了一本书，妈妈赶紧给孩子送到学校去。

这些妈妈会很困惑，孩子怎么就那么不爱收拾呢？怎么就那么粗心大意呢？说过多少次了，进门要把鞋放进鞋柜，书桌要保持整洁，睡前要把第二天的书包整理好……但孩子就是不听，总要妈妈替他"收拾烂摊子"。

其实，如果帮孩子做这些事情会让你觉得累而不是享受，你完全可以不做，完全可以把"收拾烂摊子"的时间花在自己身上。这样你的能量会更高，当你能量更高时，处理这些问题会更有耐心，更有智慧。

另外，站在孩子的角度看，正是因为孩子知道"反正有妈妈帮忙收拾"，所以才不自己做。

我现在虽然已经是两个孩子的妈妈，但每次回到四川老家，我妈妈还是会跟在我后面捡我掉在地上的头发，一边捡一边抱怨："你怎么掉这么多头发，你都看不到吗？你看，这里又有一根，到处都是。"

这个时候，我会条件反射似的推卸责任："我近视，看不到地上有头发啊。"这样说完，我的内心如释重负："我确实近视，看不到啊。"

但是在自己的小家，我会非常主动地每天打扫地面上掉落的头发。

所以，我在父母家很少主动打扫地面上的头发，并不是因为我"近视，看不到"，而是因为我有一位随时随地跟在我后面替我"收拾烂摊子"的妈妈。我心安理得地"推卸责任"，然后不再"为自己的行为负责"，反正我不做也有人帮我做。

这是孩子的本能反应。

如果一个孩子特别喜欢推卸责任，通常都会映衬出他的妈妈特别有能力。而在能力非常强的妈妈的映衬下，孩子则会变得更加没有责任心。这是很多家庭的现状。

比如妈妈爱整洁，每天把家里收拾得干干净净整整齐齐，孩子可能就丢三落四，房间一片狼藉。妈妈每天都不得不帮孩子收拾整理，时间久了，难免因一肚子怨气而唠叨。

比如妈妈做事手脚麻利、非常高效，而孩子可能磨磨蹭蹭，无论是做作业还是做别的事，总是在妈妈着急的催促声中完成。

一个看起来很有责任感和能力的妈妈，往往会养育出喜欢推卸责任的孩子。妈妈有责任心，这本身没有问题，妈妈的能力强也是好事，但如果毫无边界意识地调动自己的责任心和能力，其实是把自己当成了**拯救者**①。

在拯救者妈妈眼里，孩子的所有问题都必须妈妈出手才能得到解决，小

---

① 1968 年，美国心理学家佛罗伦萨·L. 卡斯洛（Florence L. Kaslow）提出了戏剧三角形模型，该模型将人际关系分为三个角色：拯救者、受害者和加害者。在这个模型中，拯救者试图帮助受害者，但往往会逐渐变成加害者，而受害者则会逐渐失去自主权和自我意识。这种关系往往是不健康的，容易导致双方的痛苦和困惑。

到准时准点儿吃饭，吃一碗还是两碗；做作业应该先做语文还是先做数学，要什么时间做完……都是妈妈"拯救"的范围。

拯救者通常和受害者非常匹配。父母把自己放在拯救者的位置，孩子自然会对号入座，把自己放在受害者的位置，这样他才需要拯救者。

受害者的身份，可以赋予孩子"力量不够""能力不行""我做不到"的"权利"，所以孩子可以安心地享受拯救者妈妈为自己做的一切，而不觉得自己乱扔东西、做作业拖拉磨蹭有什么问题，因为他们知道，反正妈妈会想办法为他们解决问题。

每一位拯救者妈妈，出发点都是给孩子更好的，所以想为孩子做更多。但是，深度陪伴孩子长大的过程，恰恰是父母为孩子做得越来越少的过程。因为真正的爱，不是以拯救者的心态去帮孩子解决问题，而是把责任还给孩子。

如果妈妈总是忍不住去"拯救"孩子，那么妈妈和孩子就会像磁铁的正极和负极，只能牢牢地吸在一起，永远无法分开。

在这样的养育方式下长大的孩子，注定无法成为具有独立人格和独立能力的人。

相反，如果妈妈不再做拯救者，而是把孩子的责任还给孩子，孩子自然能够成长为自我负责的人。

最重要的是，妈妈也会因此拥有更多的时间去关注自己，让自己有时间休息，有时间做喜欢的事情，只有这样才能给自己补充能量。

018

⊖ 大胆"用"你的孩子

在孩子想参与家务时，很多妈妈会下意识地把孩子推开，她们觉得孩子动作慢，有时候还帮倒忙，导致自己要额外花时间收拾残局，还不如自己一个人做更好。

这是因为她们总是期待事情能够按照自己的期待进行，比如洗碗就要洗得干干净净，拖地就要拖得一尘不染，做饭就要在预想的时间内完成。如果孩子洗碗洗得不干净，拖地拖得不彻底，帮忙择菜速度太慢影响了做饭的进展，她们就会抓狂、焦虑、看不下去。

但如果你能够尝试接受自己是"60 分妈妈"，就不会把孩子推开，而是更愿意"用"你的孩子。

来自深度陪伴学员 Yoyo 的分享

之前我不喜欢让孩子帮我做炒菜前的准备，因为我觉得小孩子帮忙会越帮越乱。结果，自己忙了一天再做饭整个人都累虚脱了，做好的饭都不想吃了。但是，现在我会让孩子参与炒菜前的准备。随着孩子的技能越来越熟练，我觉得自己做饭也越来越轻松，没有之前那么累了。

一天，我开始准备做晚饭时，孩子要帮忙剥青豆，我就让她剥完青豆后再帮忙剥玉米粒，她剥完玉米粒后顺便把装青豆的盆洗了，问我："你知道为什么我洗东西这么专业吗？"

我："为什么呀？"

孩子："因为我在幼儿园学过，今天我值日，我还洗碗了呢。"

我："哇，你又学会了一种本领呀，真棒！"

那一刻，孩子的语气和表情包含着自豪，我也为她的进步深感骄傲。

当你愿意接受自己是一位"60分妈妈"，就意味着你也愿意接受你的孩子做到"60分"，这样可以让你和孩子都更快地行动起来。

孩子的学习能力非常强，只要给他们机会，让他们不断练习，他们说不定能做到"90分"。这时候，他们就可以胜任家务并照顾自己，你也会更加轻松。

用60分的要求把孩子先"用"起来，然后再给孩子时间，让孩子的能力慢慢提升，在这个过程中，不仅孩子会因为能力的提升越来越自信，你也会因为孩子能够更多地帮忙而越来越轻松，得到双赢的结果。

⊙ 学会"退后一步"

有些父母不允许孩子锁上房门，因为父母想知道孩子在房间里干什么，担心孩子锁上房门后偷偷地玩游戏、上网。

还有一些家庭，孩子做什么都要向父母汇报。零花钱用来买什么了，刚才去哪里玩儿了，和谁在一起玩、做了什么……全要汇报。

这些都是在不断地挤压孩子的物理空间和心理空间，只会让孩子感觉"我不自由，我天天是被监控的，我是被管的"。

当孩子处在这样的状态时，孩子对妈妈的话是不愿意听的。有些孩子可能会直接反抗，有些孩子不会直接反抗，但是会以拖拉磨蹭的方式消极反抗。

— 在孩子的学习上"退后一步" —

很多时候，妈妈们觉得辅导孩子作业太累，不是因为孩子笨、不认真，也不是妈妈们的辅导不得法，而是因为妈妈们为孩子的学习做得太多了。

甚至有的妈妈认为，在学校给孩子布置的作业之外，孩子完全有能力做得更多、学得更多，于是给孩子加量。这些妈妈的初衷并不是把孩子压垮，也不是让孩子累得喘不过气来，她们只是觉得，既然孩子有能力，自己应该为孩子提供机会。可结果，孩子学习上的压力越来越大。

如果不能理解孩子的感受，妈妈可以把自己代入孩子的角色去体验一下。

我在学校里学习了一天，上课要被管，说话要被管，什么时间上厕所有规定，在走廊和同学玩闹要被管，作业没做完要被管；回家后又要被妈妈管，什么时候做作业、有没有专心做都要被管，动作慢了要被管，字写得不端正要被管……

孩子总处在被管的状态里，会觉得很累。即便有的孩子希望爸爸妈妈告诉自己做什么，给自己明确的方向，帮助自己做计划，也不代表孩子就是喜欢爸爸妈妈压缩自己的心理空间。

如果你觉得养育孩子就是告诉孩子"今天要做多少作业、几点做，明天要几点起床"，其实是进入了给孩子分配任务的角色。

当你把自己放进这个角色中，是不是就和老师的角色一样了？老师会在学校里要求孩子按时上学、按时交作业。

但是，如果在家里父母也和老师一样，孩子的压力大不大？如果孩子不愿意写作业，不愿意按你的要求去做，这是不是很正常？

老师和家长的角色不一样。老师是权威。孩子会因为害怕被老师批评而不得不去做某件事情。但是，如果家长也让孩子害怕，孩子的心理压力会不会很大？家长应该把自己定位为一个温暖的、支持的、陪伴的角色。

想象一下，在上班时，只有你认可老板的能力、人品、价值观，认可他和你沟通的方式、工作的方式，他让你做什么你才会愿意做。

如果你遇到的老板能力不行，人品不好，和你沟通时语气不佳，甚至性格各方面有问题，他让你做什么，你会很情愿去做吗？就算不得不做，也是因为你需要这份工作，要靠工资生活，而你内心是不情愿的。在这种情况下，如果有一个更好的工作机会，工资更高，老板人品好、能力强，更照顾你的感受，你会不会走？一定会的。可是孩子能去哪儿呢？想想看，孩子待在家里，哪儿都去不了，因为他只有这一个家，这一个妈妈、这一个爸爸。

这就是家庭和学校的区别，也是父母和老师角色的区别。

所以，如果孩子在学习方面出了问题，不是你做得不够，反而可能是你做得太多了，侵占了孩子的心理空间和物理空间。这时，正确的做法是"退后一步"，给孩子更多的决策权、更多犯错的机会、更多的空间，当你不因孩子不愿按照你的要求做而大发雷霆、心力交瘁，你会更加轻松，孩子也会更加主动，孩子的作业和学习问题也就不再会成为消耗你能量的头号问题了。

在孩子学习方面，学会做一个"60分妈妈"，你向后退，孩子才能主动前进，你也才能够拥有更多的时间和精力去爱自己。

022

— 在说教上"退后一步" —

很多妈妈陪伴孩子的时间本来就少，还喜欢说教，把陪伴的时间变成了向孩子讲大道理的"训话"时间。即便你的语气是平和的、你的初衷是充满爱的，但你会发现，无论怎么向孩子强调那些道理，似乎都没产生太大的作用，时间久了，孩子甚至有些"油盐不进"。

你觉得自己特别辛苦，只好增加说教的力度、次数和时间，反复强调，最后身心俱疲，孩子却无动于衷。

这是因为孩子不喜欢听大人讲大道理。大道理是大人的，不是孩子的。而且有时候，你想跟孩子讲道理，孩子正想着或者做着其他事情，他们的注意力也不太容易马上根据你的需求切换过来。

一个周末的早上，我看到乐乐只穿了一件厚厚的睡衣，问乐乐冷不冷。

乐乐："不冷。"

我："那你摸一下肚脐凉不凉。"

乐乐摸了一下肚脐，回答："是凉的。"

我："妈妈给你拿个热水袋，敷一下肚脐，就会变暖和，好吗？"

乐乐："好。"

我赶紧起床，给他拿了一个装满 70 度热水的热水袋，绑在他的肚子上。

我："感觉怎么样？"

乐乐："好暖和。"

我："早上起来是我们身体阳气最盛的时候，所以可能会感觉不冷，但是如果不做好保暖措施，身体的热量就会流失，所以你刚才觉得肚脐是凉的。明天起床第一件事情就是把衣服穿好，保存好身体的热量，好吗？"

乐乐："好。"

我："乐乐，你知道为什么要让肚脐暖暖的吗？"

乐乐："不知道。"

我："你还记得小时候我给你讲过'肚子里的火车站'吗？"

乐乐："记得。"

我："如果肚脐是凉的，那就说明肚子里的火车站冻住了，身体就没法消化食物，食物就不能为我们提供能量……"

然后我就开始长篇大论地给乐乐讲解食物通过肠胃消化最后变成能量的过程。

但我明显感觉到乐乐有些走神了。

我："乐乐，你在听妈妈讲吗？"

乐乐："我在听。"

我："可是妈妈觉得你好像没在听。"

乐乐："妈妈，我不想听了。"

我："哦。"

乐乐："就算我想听，也要听我想听的。"

我："那你想听什么呢？"

乐乐："我想听爸爸播放的高科技的东西。"

这个时候我才注意到乐乐爸爸正在播放一些和科技有关的音频。

我："哎呀，我才注意到爸爸正在放音频，之前完全没注意到。"

本来是个温暖有爱的早晨，最后却因为我的"说教"而让爱的时光提前结束了。而且，我花了不少时间讲了一大堆道理，但这些时间却并没有为我和孩子带来滋养。

和孩子聊天，尤其是上小学后的孩子，并不像我们认为的那样，"只要是为孩子好，语气平和，想聊什么就聊什么"。要学会在说教上"退后一步"，这样你对孩子的陪伴才能变成对孩子的滋养，你才能得到来自孩子的正反馈，你的能量才会越来越高。相反，如果说教太多，那么无论你说什么，孩子都听不进去，孩子没有成长，你也有种"使不上劲"的感觉，你的能量会越来越低。

在对孩子的管教上，也要学会做"60分妈妈"。你在说教上"退后"一些，孩子才有更多自己体验的空间。孩子有了自己的体验，才会真正领悟到你想要告诉他（她）的道理，你才会真正变轻松。当你感觉轻松时，你的能量才会更高。

➦ 降低对自己的要求

有时候你在某件事情上反复纠结，迟迟无法行动，为自己找了诸多借口，比如没有时间、时机不成熟等，这可能是因为你想寻求"最佳方案"，并获得"最佳结果"。

其实，纠结本身就会造成很大的心理能量损耗。而你消耗了时间和精力，却还没迈出第一步，这又会让你产生懊恼的情绪。

── 高要求会削弱你的行动力 ──

有一次，乐乐想用家里新买的空气炸锅做水果干，我的第一反应是："今天可能做不了，家里没有水果。"

乐乐回答："家里有苹果。不过我还是想吃芒果干。"

我："好啊，那妈妈现在就下单买芒果。"

一小时后，芒果送到了。

我："我们现在收到芒果了，妈妈查一查怎么做水果干。"

我在网上搜索了一会儿，对乐乐说了这样一番话：

"我忽然想起来，今天我们可能没法做水果干了，因为妈妈明天上午要讲课，需要专心准备课程，等明天妈妈讲完课再陪你一起做水果干好吗？"

乐乐特别理解地接受了我的解释，回答："好的，那我们明天做。"

我对乐乐说的话，有理有据，既照顾了自己的需求，又照顾了孩子的需求，看起来没有任何问题。直到第二天下午，我在办公室突然回想起这件事，才发现了问题。

其实当时我说那些话的真正原因不是要准备第二天的课、没时间，而是因为我还没有找到一个确定的、可以成功烤出理想中的芒果干的方法。

我在网上搜到了很多方法，有的说要 130℃烤 1 小时，有的说要 70℃烤 5 小时，有的说要 120℃烤 30 分钟，众说纷纭，到底哪个方法是正确的？我很困惑，以至于出现了**"决策疲劳"**[①]。于是，我推迟了烤芒果干这件事。

---

① "决策疲劳"这个概念是美国普林斯顿大学的心理学家罗伊·鲍迈斯特（Roy Baumeister）和他的同事在 2000 年提出的。他们在一系列实验中发现，人们在连续做出多个决策后，会出现决策能力和意志力下降的现象，这就是决策疲劳。同时，过度纠结也会导致决策疲劳，因为做出决策之前思考太多、犹豫不决时，会消耗大量的心理能量，同时，过度纠结会让人们陷入思维僵局，无法从多个选项中挑出明智的选择。在这种状态下，人们往往会陷入决策困境，从而产生决策疲劳。

026

　　所以，根本原因其实是我无法接受不完美的结果，从而陷入了"高要求"的惯性思维，为了追求完美的结果，削弱了自己和孩子的行动力。而行动力越弱，能量越低。

　　如果我能接受不完美的结果，就会把几种方案都告诉乐乐，帮他打开空气炸锅，让他自己尝试各个方案，看看哪个最靠谱。这样，即便最后没能成功地做出芒果干，至少我们行动起来了，排除了不可行的方案，也是一种收获。

　　行动并不一定是为了有一个完美的结果，也可以是为了验证哪种方案更好。光想不做，或者反复纠结而不行动，是最降低能量的习惯；你和孩子的行动力都增强了，你的能量也会越来越高。

── 放下"目标"，专注"过程" ──

　　很多妈妈在陪伴孩子时很用心，但孩子的表现却不一定会让妈妈满意。这时，妈妈的心情会降到冰点，生气、气馁等各种负面情绪交织在一起，能量特别低。

来自一位深度陪伴学员的分享

　　忙了一天工作，回到家，想陪孩子做做手工，没想到孩子异常兴奋，把工具全扔掉了，手工纸也撕坏了；想陪孩子读读书，结果孩子把书扔得到处都是。再加上这两天晚上孩子频频尿床，我不能睡整觉，精力本来就不好，想到自己尽心尽力陪伴孩子，孩子却把一切弄得乱七八糟，心情真的降到了冰点，完全不想陪他玩了，只想一个人静一静。

这位妈妈的心情降到了冰点，是因为她期待的是，当她用心陪伴孩子做手工时，孩子可以配合；当她陪伴孩子读书时，孩子也会认真读书。可是，她付出了这么多努力却没有得到期待的结果，她的价值感受到了打击。

追求结果是没问题的，但是，只有孩子的行为符合我们的期待，才是有价值的结果吗？

事实上，在养育孩子的过程中，很多事的结果不可能完全符合我们的期待，因为孩子不是我们，是不可控的。但这并不代表我们的陪伴没有价值。

对于孩子来说，也许他觉得做手工没意思，撕纸才有趣，撕纸的过程也锻炼了他的手指精细动作；也许他觉得读书没意思，扔书更有趣，扔书只是我们看到的孩子的外在表现，而在孩子的头脑里，也许正在进行一个自创的有趣游戏呢。如果妈妈能够用心观察和感受孩子，就能看见孩子的兴趣点，看见孩子在这个过程中呈现的能力和优势，同时也看到这个过程锻炼了孩子的哪些能力。这也是陪伴的价值。

还有，当孩子的行为与你的期待有偏差时，你给予了孩子包容，同时也好奇孩子行为背后的原因，通过与孩子沟通了解孩子的真实想法，这也是陪伴的价值。

陪伴的价值不是单一的，而是多元的。如果我们认为事事都要按照我们的计划进行，孩子的行为一定要符合我们的期待，这样的要求太高了。事实上，在陪伴孩子成长的过程中，可能有 90% 以上的时间都无法实现这种状态，如果不进行自我调整，你会一直与挫败感和愤怒做伴，能量当然会很低。

很多时候，情绪的背后是你的价值体系。

如果你认为这件事情没有达到你的期待，它就没有价值，你自然会崩溃、无力。

028

反之，如果你认为事情没有达成你的期待，但你的价值仍然得到了体现，你则会很平和。

所以，要想成为一位高能量的妈妈，就要放下对"目标"的执念，愿意专注"过程"。

── 觉察永不满足的欲望 ──

有时候，妈妈做得很好，孩子做得也很好，但是妈妈仍然能量不高，这可能是因为，妈妈不是在给自己和孩子制定目标的路上，就是在为目标努力的路上，几乎从不停下来好好享受付出努力的过程，忘记了给自己和孩子认可。

来自一位深度陪伴学员的分享

自从我家养了小猫，姐姐早上起床困难的问题就解决了。每天早晨，姐姐会自己起床陪小猫玩，一开始我很开心，觉得终于不用我们天天催她起床了。

但是过了不到半个月，我就开始不满。

我不满姐姐起床后只顾着和小猫玩，不换衣服、不刷牙、不洗脸，早晨这么好的时光全都用来玩了，也不知道学习。

当我觉察到这一点，才发现人的欲望永远都无法满足。

最开始，我只是希望姐姐早晨能自己起床，她能做到这一点我就会满足。但这个愿望达成后，我很快就不满足于现状了。而如果我没有觉察到这一点，即便姐姐早上起床后主动换衣服、刷牙、洗脸，我也很快会产生新的期待，比如要求她早起晨读……

如果无论多努力、取得了多好的结果，都不停下来看清它们，还总是觉得做得不够，认为"我还不够好""孩子还不够好""前面还有更高的目标"，你就会越来越忙碌，能量越来越低。但是，如果你愿意停下来看看你的努力和已经收获的成果，并认可它们，即便你很忙，它们也能带给你很大的成就感，让你始终处于一种能量满满的状态。

— 允许自己犯错 —

有很多妈妈不允许自己在孩子面前出错，担心自己出错了就没有资格教育孩子。

还有一些妈妈不允许自己的孩子在其他人面前犯错，担心孩子犯错会让别人觉得家长不会教育孩子。

这样的妈妈总是力求呈现完美的样子，孩子要"完美"，妈妈也要"完美，"进而不断地逼迫自己和孩子做得好一些、再好一些。

所有这些"完美"，都是你对自己的苛刻要求，你要求自己呈现的样子远远超出了你能够做到的水平，你会很累，你的孩子也会很累。

这个世界上真的有完美无瑕的人吗？当然没有。看起来"完美"的背后，藏着很多没有办法真实表达的"憋屈"、很多"假装从不犯错"的疲累。

我想告诉你，你可以犯错，可以不用完全响应孩子的需求，你的孩子也可以犯错，你不用一直很完美，不要对自己那么苛刻。

不用总是纠正孩子的错误，孩子做得不好或犯错，并不代表你就是不称职的妈妈。孩子的老师对你说孩子表现不好，也并不能说明你是不称职的妈妈，更不代表你做错了。

你可以犯错，你忍不住对孩子大吼大叫、你伤了孩子的心，并不意味着你就是一位糟糕的妈妈。

让孩子看到，妈妈也会犯错，有些事情妈妈也做得不熟练，但是妈妈从来不会因为害怕犯错就停止尝试，妈妈也从来不会因为自己做不熟练就停止练习。相反，妈妈会在犯错后快速总结经验，进行调整，或者向有经验的人请教，通过努力练习，让自己以后做得更好。这样，妈妈的错误和不完美，反而可以成为孩子成长的养分。

让孩子学会在错误中成长，并且接受自己的不完美，这就是 "60 分妈妈" 的智慧。同时，放下了 "苛刻" 和 "完美"，你会更放松，更轻盈，拥有更高的能量。

● 量力而行

每一位妈妈都想给孩子最好的教育条件，有些妈妈为了把孩子送进最好的学区和学校，甚至不惜搬家，住在狭窄的学区房里，每天花好几小时通勤；有些妈妈选择换城市，忍受夫妻长期分居；还有些妈妈自己省吃俭用，认为 "再苦不能苦孩子"，把攒下来的钱全部投资在孩子的教育上。

这种爱非常沉重。如果孩子进不了名校，妈妈会失望透顶。即便孩子进了妈妈为他选择的名校，他也未必喜欢这所学校、能适应学校的生活。

父母通过严重削弱自己的需求给孩子创造好的教育条件，往往是出于父母的功利心。但其实，只有量力而行，父母才可能有平常心，而有平常心的父母就不容易因为孩子的举动而焦虑。

我有一位学员，她住在广西南宁，但她并没有让孩子在南宁市区上幼儿园，而是把孩子送到了老家农村里的一所幼儿园，她与我分享了她的决策过程。

来自深度陪伴学员艳萍的分享

选幼儿园时，我考虑了孩子爱玩的天性，觉得孩子必须有户外活动，但在南宁市区，我们住的片区中，很多幼儿园的设计都是在楼上上课、吃饭、睡觉，在楼下玩耍，唯一一家有宽敞户外场地的幼儿园，又是我们家现有经济能力难以负担的，让我觉得压力很大。

于是我就转向了老家农村里的一所幼儿园。一开始是看上了这所幼儿园宽敞的橡胶跑道和足球场，我觉得这是最能释放孩子天性的地方。我的孩子很喜欢跑动，我不想把他送进要求整天待在室内的幼儿园。

幼儿园足球场附近有铁路，每天孩子们在户外活动的时候还可以看到高铁经过。我想我的孩子一定会非常开心。后来了解到，学校还有菜园，有沙池，沙池里有滑梯，滑下来就可以玩沙子，还可以在树底下荡秋千，等等。从我家去幼儿园的路上，会经过一个生态农业示范区，那里有各种不同的果园，每天路过时可以观察到各种水果的生长情况，从开花到结果到水果成熟，一想到孩子能看到这些画面，我就觉得很美好，这才是最适合我孩子的成长环境。

而且我们老家离市区也就半小时的车程，每天接送孩子也不影响孩子爸爸的工作，他通勤也很方便，所以我就坚定地决定陪孩子回老家上幼儿园，这是我在能力范围内能够给孩子的最好选择，而且我认为也是最适合我家孩子的选择。

　　这位妈妈对孩子的爱让我特别感动，她多么了解她的孩子，她没有执着于人们通常认为的"好选择"——在城市里上幼儿园，而是找到了她心中最适合孩子的、最理想的幼儿园。

　　这也符合我经常说的，没有统一标准下最好的教育条件，只要量力而行，适合孩子的就是最好的。

　　所以，你不需要盲目地去攀比，不需要执着于拼尽全力给孩子"最好的"条件，甚至盲目地认为最贵的就一定是最好的，或者大家都想要的就是最好的。做一个"60分"但用心的妈妈，你的孩子就可以很幸福，你也会更从容、淡定，把省下来的精力用来爱自己，让自己陪伴孩子时能量更高，从而更有能力"看见"孩子、鼓励孩子。

不用"管理"你的情绪

⊖ 懂孩子，情绪会自然平和

美国心理学家阿尔伯特·艾利斯（Albert Ellis）在 20 世纪 50 年代提出了**"情绪 ABC 理论"** [1]，该理论认为，导致我们生气的并不是某个人或某件事，而是我们对这个人或这件事的看法和解释。

不了解孩子时，看到孩子的行为没有达到自己的预期，你会很容易生气，认为孩子有问题；了解孩子行为背后的原因时，你会明白，孩子没有问题，他只是需要你的帮助和支持，这时，你就不那么容易生气了。

我家老大乐乐上幼儿园后开始学写字，起初，他半天都写不出来一个字，他总是写了又擦，擦了又写，甚至把作业本的纸都擦破了。这样，他写得特别慢，还会为此发脾气。

---

[1] "情绪 ABC 理论"是认知行为疗法的基础，A 代表事件（Activating event），指触发情绪的事件或情境；B 代表信念（Belief），指个人对事件的看法和解释，是情绪产生的重要因素；C 代表情绪反应（Consequence），例如愤怒、焦虑、沮丧等。艾利斯认为，个人可以调整自己的思维方式和对事件的看法，从而减少负面情绪的产生。

034

　　如果我不了解乐乐，我会觉得他太拖拉。但真相是什么呢？其实，乐乐特别爱写字，也特别想把字写好、写快。但是，他对自己的要求很高，写得不满意就擦掉，总觉得自己写不好。了解这点，我就不会去苛责他了。

　　但如果不了解他，我很可能还会责备他"你怎么那么慢""你都写了半小时了，一个字还没写完""你到底在磨蹭什么"……这个时候，孩子本来就对自己不满意，又受到妈妈的责备，肯定会更加生气，更加否定自己。看到孩子自己没做好，脾气还越来越大，你是不是也很容易对孩子大吼大叫？

　　如果足够了解孩子，你根本不需要刻意地进行情绪管理，你知道孩子需要的是支持和帮助，怎么忍心再生他的气呢？

　　越了解孩子，我们对孩子行为的看法就越容易变得正面和积极，我们也越不容易生气，这就是了解孩子情绪对妈妈的重要性。

⬤ 做真实的自己

　　很多妈妈在外面和在家里的表现很不一样。

　　在家里，对家人"过度真实"，想说什么说什么，想怎么吼孩子就怎么吼；在外面，又会戴上"社交面具"，明明心里不喜欢这个人，表面上还要维系一段说得过去的关系，或者明明很不想做某件事，还是不好意思拒绝。这样做的结果，就是把自己在外面压抑的情感全部释放在家里，让家人来承受。这是非常糟糕的。

　　其实"过度真实"并不是"真实"。你在对孩子发脾气时，并没有向孩子表达你的爱。真实的你不想伤害孩子，你其实是爱孩子的。

什么是真实的自我？真实的自我能够与自己真实的感受和需求进行链接。

有一次，我答应带孩子去爬山，但是到了计划爬山的那天，我觉得特别累，我就对孩子说："很抱歉，妈妈有点累了，妈妈要休息一下。"因为我经常对孩子说"如果你累了，一定要先照顾好自己的感受和需求，不要勉强，休息好了再做事"，所以孩子也很理解我。他说："好，妈妈，你先休息，我和爸爸去爬山。"

如果不真实地表达自己的感受，我很可能因为爬山带来的疲累而以一件小事为借口冲孩子发脾气。而我向孩子表达了我的真实感受"我累了"以及我的真实需求"我想休息，不能陪你爬山了"，我自己的感受和需求得到了满足，我的能量在休息中得到了补充，自然也就不会因为疲累而冲孩子发脾气。

做真实的自己，没有勉强自己的委屈，也没有隐忍不表达的憋屈，就不会有情绪的压力，自然无须特意管理情绪。但做到"真实"是一门很难的功课。

◒ 多关怀自己

在陪伴孩子的过程中，妈妈有时候会忍不住对孩子说一些特别狠的话，无论孩子哭得多么厉害，怎样苦苦哀求，妈妈好像都很难做到心平气和，似乎只有把狠话都说出来，妈妈整个人才会好受一些。

这其实是身体在提醒你，你该好好关注自己的需求了。

— 不要压抑自己的需求 —

来自深度陪伴学员燕子的分享

某个夏天的周末，到睡觉时间了，好多事情还没做，我让孩子看会儿书，自己则快速地洗澡、洗头，好陪孩子一起睡。

吹干头发时，孩子困得不行了，走过来问我："妈妈，你什么时候过来陪我睡觉？"

因为头发总也吹不干，很乱又很热，孩子一催我，加上我也为睡觉晚了而着急，我的火气就一下子被点燃了，冲孩子吼道："为什么要催我？你催我干什么？你没看到我头发还没吹干吗？我吹干头发要花 10 分钟，敷面膜还要花 20 分钟，洗衣服再花 10 分钟，我天天照顾你们，我晚睡一会儿怎么了？你现在这么大了，不能自己去睡觉吗？你去屋里开着灯，听着故事，抱着你的玩具自己睡就好了呀！"

我很少用这样的语气对孩子说话，孩子当时就愣住了。

他问："妈妈，你能快一点吗？"

我说："不能！"

孩子继续请求："妈妈，我真的很困了，你能先陪我睡觉吗？"

我坚持要把我想做的事都做完，我很烦躁，觉得自己很委屈，我为什么事事要以孩子为主？所以我拒绝了孩子的请求："不行！如果我先陪你睡，我的头发就干不了，这样我就会头疼。你这么大了，完全可以独自睡觉。"

孩子哭了，过了一会儿，用手抹了一下眼睛，说："行，妈妈，我知道了，我等着你。"

他坐在旁边等我,我又担心晚睡对孩子身体不好,想让他先睡。

于是我说:"不行,你不能等着我,等着我你就要晚睡了,你起床又早,这样的话,你就会生病。"

他说:"我不想自己上床。"

我更加强硬了,说:"不行,你现在必须按照我说的,自己去睡觉。"

孩子呆呆地站着,不动也不说话。

这个时候,我冷静了一点,发现其实我是怪自己没把时间安排好,很多事白天没有做,打乱了作息安排,但我却把责怪自己的情绪发泄在了孩子身上。

我冷静下来,突然看见了孩子的需求,瞬间又回到了平时那个有耐心的妈妈的样子,放下了正在做的事情,带着孩子去他的小床上躺好,我陪在孩子旁边。孩子抓着我的手,不到 5 分钟就睡着了。

想起刚才说的那些狠话,其实完全没必要。如果我不说那些话,而是看到孩子的需求,先哄他睡觉,等他睡着后,我能做很多事。

但当时我就是想做完这些事再陪他,我不知道自己的固执劲是哪儿来的,我已经好久没这样了,也好久没有说狠话了。

为什么当时这位妈妈就陷在固执劲中出不来呢?

这可能是因为,她作为一个妈妈,生活一直围绕孩子转,当她的需求和孩子的需求发生冲突时,她总会习惯性地替孩子考虑,先去满足孩子的需求。但每多压抑一次自己的需求以满足孩子的需求,她内在的负面情绪就会多积压一分,长此以往,一件很小的事情都能让她冲孩子大吼大叫。

其实很多妈妈们都会这样,一边说着想让孩子幸福,让孩子尊重自己的感受，一边又不断委屈自己的感受和需求。如果不能觉察到这一点，只是一味追求对孩子说话要平和，就无异于对自己的再次压迫，反而更难做到平和。

此外，有些妈妈对孩子和丈夫都特别大方，但对自己特别"抠门"，比如：给孩子和丈夫买东西都买最贵的，给自己却买最便宜的；孩子和丈夫在家时，会用心做一大桌子饭菜，自己一个人在家时，却吃剩菜剩饭将就。

在现在这个时代，绝大部分家庭都不缺吃喝，上述行为看起来好像不可理喻，但是它们的存在也有其原因。如果你是这样的妈妈，那你很可能养成了压抑自己需求的习惯。

我们每个人的行为模式都由一个个习惯叠加而成，很多时候，你可能完全没有意识到自己养成了某些习惯，这些习惯存在太久，以至于成了你行事的惯性，让你没有机会去觉察自己这样做时的内心感受。

如果你能够暂停一下，去觉察自己的感受，就会像我一样，发现"原来我内心是不舒服的，是累的，这并不是我最想要的"。

这时，你要勇于跳出"压抑自己需求"的惯性，去及时满足自己的需求。当你的需求得到了满足，你的内心就会像一条干涸的河流被大雨充满一样，那种饱满、滋润的感觉，会让你在面对孩子和丈夫时更加平和，也会带给你更高的能量。

— 停止否定自己 —

很多妈妈会习惯性地否定自己，不接纳自己的现状，不认可自己的价值。

有的全职妈妈，由于不工作，无法给家庭增加收入，便觉得自己一点儿价值都没有。

还有一些职场妈妈，因为经常加班，没有时间多陪伴孩子，看到孩子身上的一堆问题，就觉得特别内疚，只好在物质上多给孩子一些补偿。

有些妈妈，和丈夫或家里的老人在育儿理念上产生分歧，被家人指责时，第一反应是生气，然后就是自我怀疑：我的方法是不是真的有问题？孩子这些问题是不是我造成的？

有些妈妈，明明是别人不讲道理伤害了自己，却会自责：如果我当时处理得更圆融一些，也许就不会出现这么尴尬的结果了。

你有没有发现，这些对自己的"否定"，和小时候父母对你的否定如出一辙？

来自一位深度陪伴学员的分享

有一天，儿子在吃饭，饭渣掉满了桌子，有些还掉在了地板上。

我的妈妈，儿子的姥姥，皱着眉头很生气地说："看你，吃饭都不会吃，掉得到处都是，真是笨啊！你嘴巴漏了吗？和你妈小时候一样！"

我儿子当场就不高兴了，开始发脾气。

那一瞬间，我仿佛在儿子身上看到了我小时候的样子。小时候，我也经常因为类似的事情被我妈批评，刚开始我很生气，还会反驳，但是当我妈完全无视我的反驳，依然喋喋不休地不断否定我时，不知道从哪一天开始，我不再反驳了，因为我意识到反驳也没用，我的反驳并没有得到大人们的重视，反而还会招来我妈加倍的唠叨和批评。

所以，再后来，每当被我妈否定和批评时，我总是选择默默承受。直到有一天，我发现，当我把饭渣掉在桌子上或地上时，即便我妈不在身边，我也总感觉身后有人在注视着我，我会很紧张地立刻把饭渣擦掉，还会自责，怪自己笨，连吃饭这件小事都做不好。

再后来，其他事情做不好时，我也会习惯性地自责和否定，觉得自己没有价值，所以我不值得被爱。

如果你和这位妈妈一样，总是习惯性地否定自己，要意识到，你不需要延续父母曾对待自己的方式，而可以用期待中的理想父母的方式去肯定、包容、接纳自己。这样，你的能量才会绽放出来。

父母要多肯定孩子，允许孩子犯错，不要动不动就批评孩子。批评并不能让孩子变得更好，反而会使他们因为担心被批评而小心翼翼，甚至不敢表达自己的真实感受，更不要说勇敢地做自己了。

这位学员后来告诉我：

后来，儿子吃饭掉渣时，我就告诉自己先不要否定他，我可以把饭渣打扫好且不为此生气。这样陪伴孩子成长，我似乎也疗愈了自己，慢慢地，没有把事做好时，我也不会急于否定自己了。

这位妈妈通过对孩子的包容，疗愈了自己。这就是前文提到的，深度陪伴绝对不是"单向牺牲"，而是"双向滋养"。用心陪伴孩子的成长，也会疗愈我们在原生家庭中受到的创伤。

☻ 经常说"我选择"

有时候，让你情绪不好、状态低落的不是具体的问题，而是你卡在了某个思维模式上。

当你觉得做某件事是"不得已""没办法""只能这样"时，你的内心必然会出现负面情绪，要么觉得委屈，要么觉得憋屈。可如果把这件事变成"我选择""我自愿"，你就会充满热情，拥有主动性，能量自然会提升。

来自深度陪伴学员燕子的分享

有段时间，我和孩子躺在床上准备睡觉时，只要一关灯，孩子就会说"妈妈，我要喝水""妈妈，我要上厕所"。这让我很烦，我觉得孩子怎么这么多事儿。我还会非常委屈，孩子又不是我一个人的，为什么孩子爸爸不去给孩子拿水，为什么其他人不用做这些。我就特别不想去做这些事，但孩子又吵着要喝水、要上厕所，我就忍不住对孩子发一通脾气。

有一天，我尝试切换了思维模式：孩子是爸爸的，是爷爷奶奶的，也是我的，在他需要陪伴的时候，我想要无条件地去爱他。我突然觉得，孩子要喝水也好，要上厕所也好，要抱毛绒玩具也好，不管多少次，我都能很开心和轻松地回应他的需求，而且不带任何负面情绪。

用不同的心态面对同样的事情，即使花同样多的时间，心情也完全不一样。如果你所要做的是"我选择去做的"，就不会觉得委屈，也不会失望，更不会愤怒，无论是面对孩子还是丈夫，都不太容易因为对方的行为没有达到自己的期待而发脾气。

第二章

—

魔法 2

—

用对“大忙人”爸爸

客观上讲，大部分家庭中，妈妈陪伴孩子的时间远远多于爸爸。如何让爸爸参与育儿，是很多妈妈关心的问题。很多妈妈对爸爸或多或少有一些怨言。

妈妈都希望爸爸能多陪伴孩子，可并非所有爸爸都愿意或有时间陪伴孩子。对此，有的妈妈会抱怨指责，有的妈妈会委曲求全，有的妈妈会心灰意冷。

而这些情绪也会不自觉地影响孩子。

其实，每一位爸爸都能在家庭里发挥自己的价值。妈妈要做的不是让爸爸按照自己的要求去陪伴孩子成长，而是让爸爸在陪伴孩子这件事情上有发挥的空间。

在本章中，你会学到如何用对"大忙人"爸爸，让爸爸更加积极有效地参与育儿，让你有能力更加智慧地处理夫妻育儿理念的冲突，和伴侣合力经营一个幸福的家庭。

五种类型的爸爸对孩子的影响

孩子 3 岁之后，如果只有妈妈的陪伴，无法完全满足其成长的需要，爸爸作为家庭力量的代表，需要参与到育儿中来，如果爸爸能够在有限的亲子时间里做到深度陪伴，对孩子将会产生巨大的积极影响，甚至可能超过妈妈。

比如我们家，在乐乐眼中，妈妈是安全港湾，遇到任何不开心的事情，都可以在妈妈这里得到最大的情绪支持，而爸爸带给他的陪伴又是妈妈给不了的。乐乐很喜欢跟爸爸在一起，也很崇拜爸爸，经常还不到周末就盼望着爸爸教自己编程，甚至当我们一家人在公园玩的时候，会悄悄对我说，他想和爸爸单独一起到处转转。我知道，他和爸爸之间有小秘密，不想让我知道。即便乐乐经常因为一些事情跟爸爸发生争执，甚至会被爸爸有些严厉的话语说哭，但他还是喜欢爸爸、崇拜爸爸。

乐乐 4 岁多的时候，晚上原本是跟爷爷奶奶睡，有一天晚上，他洗完澡不肯去爷爷奶奶的房间，说："我要跟爸爸睡。"

我对他说："爸爸待会儿还有工作，妈妈陪你睡，等你睡着了，爸爸就会过来陪着你，可以吗？"

乐乐说："不，我要爸爸陪我睡，我不喜欢妈妈了。"

明明半小时前还说爱妈妈，这也变得太快了。

乐爸还没有回应，我先把乐乐抱到房间去穿睡衣。乐乐很生气，用他的方式反复地表达："我要爸爸陪我。"在他的强烈要求下，乐爸虽然手上工作很多，但最后还是心甘情愿地陪他入睡。

我采访乐爸："被乐乐'钦点陪睡'的感觉怎么样？"

乐爸没有任何表情。

我不依不饶："你别绷着呀，我猜你心里都乐开花了吧，开心就笑呗。"

乐爸终于绷不住了，笑了出来。

有一天我问乐乐："你最喜欢爸爸陪你做什么？"

乐乐回答："我喜欢爸爸陪我去莲花山，陪我踢球，陪我看喷泉，陪我爬楼梯，陪我坐小火车……"

他一口气说出了好多件和爸爸一起做的事情。

我继续问他："那你最喜欢妈妈陪你做什么？"

乐乐回答："我喜欢妈妈陪我做手工。"

我等着他继续往下说，结果却没了下文。我有点失落，提醒他："那你喜欢妈妈陪你看书吗？喜欢妈妈陪你去图书馆吗？喜欢妈妈陪你跑步吗？……"

在我的提醒下，乐乐才回答："我喜欢呀。"

于是我不禁思考，为什么乐爸陪伴乐乐的时间还不到我的五分之一，但是在乐乐的心目中，爸爸带给了他那么多美好的回忆呢？

答案是：妈妈给孩子的爱是像细雨春风一样温润无形的，妈妈能够让孩子感觉到被包容、被允许、安全和温暖。而爸爸给孩子的爱像山一样高大而巍峨，爸爸能够让孩子感觉到力量、勇气、责任和含蓄。孩子 3 岁以后，获得了足够的爱和安全感，便开始追求榜样的力量，而最好的榜样就是爸爸。

美国临床心理学家斯蒂芬·波尔特在《父亲的因素》一书中列举了对子女的职业生涯产生重要影响的 5 种类型的爸爸——苛求成就型、定时炸弹型、被动沉默型、缺席型、良师益友型。

⚬ 苛求成就型

苛求成就型爸爸，要求孩子把一切做到最好，但同时又有"不要比我做得更好"的矛盾心理。这种内心的冲突源自爸爸自我价值的缺乏，导致孩子长大后会特别重视别人如何看待自己，而不是自己的想法和感觉。

苛求成就型爸爸的孩子，可能会表现出一种"受阻性"——出于对爸爸的叛逆心理，他们在学习和工作中的表现可能远远没有反映出他们真正的能力。

⚬ 定时炸弹型

定时炸弹型爸爸，总是大喊大叫、随意发泄自己的情绪。这种类型爸爸的孩子，在童年时代为避免爸爸发怒，总是小心翼翼地维持家里的和平气氛，并暗中观察爸爸。他们错过了成长中许多正常的发展阶段，长大后会为了避免冲突而取悦他人，并容易对无法控制的事情感到焦虑。

⚬ 被动沉默型

被动沉默型爸爸，不会主动或直率地谈论任何有关家庭、事业或个人生活上的事，他们习惯默默付出。被动沉默型爸爸的孩子，可能在情感表达上会有障碍，会怀疑自己的沟通能力及建立有意义的人际关系的能力。

⚬ 缺席型

缺席型爸爸，会忽略或不理解孩子，也不关心这种养育方式带来的负面影响。这类爸爸的孩子，在与男性上司合作以及和其他公司高层人物互动方面可能会出现障碍，很容易对上司产生敌意和怒意，并且常常会有愤怒情绪。

⚬ 良师益友型

良师益友型爸爸，会鼓励、陪伴、爱护子女，他们深知父亲在子女教育中的作用。良师益友型爸爸的孩子，具有理解别人的洞察力和同理心，会用积极的方式与别人沟通。他们能够如此，是因为这些已经成了他们生命中身体力行的原则。

在这些类型中，缺席型爸爸在人际关系方面带给孩子的负面影响是最大的。尤其是男孩，更需要从爸爸身上看到自己的定位，他们需要模仿爸爸的行为来使自己成长为男子汉。

050

如何鼓励爸爸有效陪伴孩子

⬬ 不勉强爸爸一起学习

大部分妈妈都会有这种心态：为了让爸爸和孩子更加亲近，让爸爸与自己并肩成长，所以在学到了一些科学育儿方法后，会迫不及待地要爸爸和自己一起学习。但这只是妈妈单方面的想法，大部分爸爸对妈妈的这种"热情"是抵触的。

来自一位深度陪伴学员的分享

在我们家，爸爸在育儿上的参与度一直比较高，当然这也可能和我们家一直都没有老人帮忙的客观情况有关吧。

孩子还是小婴儿的时候，给孩子洗澡、按摩、换尿布、穿衣这些事，爸爸都做得很好。孩子再大一些时，爸爸陪孩子玩，单独带孩子去公园、爬山也没问题。

可以说，爸爸把工作之余的时间都给了家庭。对此，我还是挺满足的。

真正对他有怨言是从我关注育儿课程开始。学完课程后，我特别热切地要爸爸也去上课学习，但他强烈反对。看他不去上课，我就逼着他看育儿书。有一年父亲节，我送了他一套父亲参与育儿方面的书，有四五本，结果有一本他翻了几页就束之高阁了，还有两本都没拆封。

我越想让他和我在育儿理念上保持一致，我们俩就越会为此发生冲突。

为什么爸爸大多不愿被妈妈们拽着学习呢？因为在育儿上，爸爸和妈妈的认知角度不一样。

妈妈觉得要带着孩子在玩中学，爸爸们却觉得"学那么多干吗？孩子开心就好"。

妈妈们觉得要平和耐心地跟孩子沟通，爸爸们则可能认为，孩子做得不对，就应该打一顿长记性。

夫妻的认知差异过大时，妈妈强迫爸爸和自己一起学习一定非常困难。这就好比对一个从来没有吃饱过肚子的人说，要少吃肉多吃菜对身体才好，你们巨大的认知差异，在吃什么对身体才好上，永远不可能达成一致。

不是爸爸不愿意学习，也不是你的育儿理念错了，而是你们俩在如何陪伴孩子这件事情上的认知差异太大。在爸爸的认知里，自己不需要学习，而每个人都只会选择和自己认知匹配的行为。

再回想一下你自己的改变，你可能会更加理解爸爸的"顽固"。现在的你是一位特别爱学习，特别愿意为了孩子而成长的妈妈，那么你有没有在养育孩子上坚守某个错误的认知的时候呢？绝大多数妈妈们都有。

我记得在乐乐 2 岁多的时候，我也坚守过一些错误的认知，认为看到孩子行为不对，就要及时纠正、引导，帮助孩子尽早养成好的习惯。我认为自己很有耐心，很平和，没有对孩子发脾气，既然是为孩子好，这样做就是对的。但是现在的我绝对不会这样做。

现在的我，在确保安全的前提下会选择让孩子自己去体验，哪怕我明知道他的做法是错的，明知道他会走很多弯路。等事后孩子发现了问题，需要我的支持，我再带着他一起去复盘。因为只有这样做，孩子才会有自己的体验，而孩子通过体验习得的道理才是他自己的。

每个人的成长都需要契机和时间，如果没有一个合适的契机、没有走过弯路，大部分人很容易陷在"坚守自己认为正确但实际却是错误的做法"的模式里，而且年龄越大，人越顽固。

所以，妈妈们千万不要强迫爸爸学习，给他们一些时间，找一个合适的契机，你一定会看到爸爸自发自愿地加入学习队伍。

⌛ 用对"不愿意被改变的爸爸"

我有一位学员，每到周末都特别希望孩子爸爸能够带孩子去户外运动，可到了周末，爸爸只想宅在家里休息或打游戏放松，最多陪孩子去游乐场玩一玩。因为到了游乐场，孩子就可以自己玩，爸爸只需要在旁边找个地方等着就可以了。

这位妈妈特别烦恼，她周围的很多家庭，每到周末，都是爸爸带着孩子运动，而自己的孩子，只有妈妈一个人陪着进行户外运动，爸爸是不想运动的。她很失落，也替孩子难过，总想说服爸爸，偏偏爸爸又很"顽固"，不愿意被改变，所以一聊到带孩子去户外运动的事，两人就很容易争执起来，夫妻关系也受到了影响。

在我们看来，这位爸爸也许有些不近人情，甚至有些自私。很多妈妈都认为，爸爸比妈妈强壮，力气更大，所以就应该由爸爸陪孩子运动，尤其是男孩。爸爸不陪孩子运动，孩子怎么能有男子汉的力量呢？

其实，这是一个非常错误的刻板认知。为什么呢？不是所有爸爸都喜欢运动，也不是所有爸爸都擅长运动。非要一个人去做他不喜欢又不擅长的事，会不会太强人所难了呢？

所以，从这个角度看，这位爸爸的选择没有任何问题。那问题出在哪里呢？问题出在，妈妈坚信爸爸陪伴孩子的最好方式就是陪孩子运动。

其实，这位爸爸有他自己喜欢和擅长的事。

乐爸也不爱运动，所以我不会强迫他带乐乐去运动。我们家最喜欢运动的是我。所以乐乐小时候，周末乐爸累了不想动，都是我陪乐乐去爬山。乐乐3岁那年经常生病，为了提升他的体质，我一个人陪他爬了17次山。

但是乐爸喜欢美食，擅长编程和设计游戏，也是一个很有耐心的人，所以我会让乐爸带乐乐去品尝美食，或者跟乐乐一起做美食，并让乐爸教乐乐编程、设计游戏。在乐乐遇到数学难题时，也让乐爸去辅导。

乐爸做这些事情时，自己也充满动力，根本不需要我去说服他。

如果你想让孩子爸爸改变，而他不愿意按照你的期待去改变，那就不要改变他。你希望改变他，无非是希望他能够在陪伴孩子这件事情上多帮助你，让你不要那么辛苦，也让孩子和他更加亲近。想达到这个目的，你完全可以多花点时间去观察他喜欢什么、擅长什么，他的性格是什么样的，然后让他在陪伴孩子的过程中去做他喜欢的、他擅长的、他做起来觉得舒服自在的事。我相信，没有任何一位爸爸会拒绝这样的帮忙。

如果爸爸喜欢看书，就让爸爸给孩子讲故事；

如果爸爸喜欢美食，就让爸爸陪孩子一起做美食；

如果爸爸喜欢打游戏，就让爸爸挑选一些适合孩子的游戏，陪孩子一起玩。

曾经有一位学员告诉我，以前她很讨厌孩子爸爸打游戏，更讨厌他带着儿子一起打游戏。后来她发现，打游戏变成了他们父子构建亲子关系的一个桥梁，爸爸对孩子的影响力很大，有些事情妈妈搞不定，而爸爸出面，什么都不用说，孩子就主动愿意配合。

我举这个例子并不是鼓励爸爸多带孩子玩游戏，而是想让你知道，尝试去看到爸爸本来就具备的资源和能力，而不要强行从零开始让爸爸使用本来不具备的资源和能力。这样，爸爸会更有动力去做事，你也不会那么辛苦，对孩子来说，他同样享受到了爸爸陪伴的快乐。何乐而不为呢？

➤ 让爸爸主动有效陪伴孩子的窍门

每一位妈妈都希望爸爸能够像自己一样给孩子有效的陪伴，但在很多妈妈眼中，爸爸对孩子的陪伴毫无品质可言，甚至没有什么时间去陪伴孩子成长，错过了孩子童年的很多重要时刻。

你非常希望爸爸不要在孩子的成长方面留下遗憾，不要错过孩子的成长。所以你一定试过很多方法去改变爸爸，让爸爸能够有效陪伴孩子，但这些方法不一定很奏效。这是因为，没有谁愿意被改变，除非他自己愿意改变。

要让爸爸有效陪伴孩子，一定要充分激发爸爸们自愿改变的动力。具体要怎样做呢？

— **不做全能妈妈，爸爸也需要 "被需要"** —

要知道，爸爸在陪伴孩子上投入的时间和精力不足，并不代表他是不合格的爸爸，而是他对家庭分工的理解可能和你有一些偏差。爸爸对待家庭分工的态度会决定他投入育儿的时间和精力。

在有的家庭中，爸爸觉得育儿主要是妈妈的责任，爸爸的责任就是赚钱养家。同样的时间，爸爸觉得自己花在陪伴孩子身上远远不及花在工作上带来的成就感大，所以更倾向于花在工作上。

有这种观念的爸爸大多在童年得到的爱偏少，所以一直努力工作，想要通过在事业上更加成功来证明自己有价值、值得被爱。他忽略的是，自己现在也承担着爸爸的角色，他的孩子需要他的爱，需要他更多的陪伴，而不是他的成功。

还有一些家庭中，爸爸觉得自己的理念跟妈妈不一样，在育儿方面的做法自然不一样，彼此都会看不惯，为了不影响家庭氛围、少一些争吵，爸爸选择了减少对孩子的陪伴。

持这种观念的爸爸大多不喜欢人际冲突，尤其是和妻子的冲突，但是又有着自己的坚持，不愿意被妻子改变或按照妻子的要求去做。他们忽略的是，不一样不代表有冲突，不一样的育儿理念在某种情况下也可以统一起来，至于如何把夫妻育儿观念的不同统一起来，会在本章的第二部分详细讲述。

个体主义心理学认为，一个人的所有行为都是在追求价值感与归属感，

爸爸也不例外。

对男性来说，他们在工作上会追求升职加薪，这是在追求价值感；在家庭里，他们需要"被需要"，这也是在追求价值感。

如果爸爸在家庭里体验不到价值感，就会把更多的时间和精力花在工作或其他方面，去家庭之外追求更多的价值感。

相反，如果爸爸在家庭里能获得价值感，就会愿意花更多的时间与妻子和孩子们在一起。换句话说，爸爸只有感到被家人需要，才愿意在家庭中投入更多的时间和精力。

大部分爸爸参与育儿的方式和妈妈有所不同，他们做事可能比较粗糙，不像妈妈那么精细。

之前乐爸一个人带乐乐出门时，经常会忘记带水杯、隔汗巾和换洗衣服，但即便如此，乐乐还是玩得很开心。我明白，先接纳他这一点，等到他和孩子玩得高兴了，下一次再温和地提醒他，他自然就会记得了。

让爸爸产生被需要的感觉，前提是让他感到自己是被充分尊重、充分接纳的。如果妈妈经常批评和否定爸爸，或者经常对孩子说爸爸做得不好，那么爸爸的内心只会觉得"被嫌弃"，很难产生"被需要"的感觉。反过来，如果爸爸这样对待妈妈，那么妈妈也会因为价值感的缺失而容易情绪失控。

另外，孩子对爸爸的崇拜也是爸爸能够在育儿方面投入更多精力的动力之一。

乐乐小时候很喜欢问问题，我经常会鼓励乐乐等到爸爸下班后，把问题抛给爸爸，我告诉乐乐："这个问题妈妈不懂，但是爸爸一定会。"

乐爸会很详细地给乐乐讲 "人为什么会流汗" "为什么我们感觉不到地球转动" 等问题，乐乐听完之后会一脸崇拜地说："爸爸，你好厉害。"

我确实对科技、天文、地理、历史等领域要么不感兴趣要么不擅长，而乐爸在这些方面的知识比我渊博得多，让乐乐去问爸爸这些问题也是情理之中。自然而然地，乐乐就会要求爸爸陪他玩机器人和玩具无人机、教他编程……乐爸当然也是兴趣十足，动力十足。

在很多家庭中，爸爸本身并不排斥甚至很愿意多花一些时间和精力陪伴孩子，但是因为从中感受不到被需要而产生了挫败感，所以干脆把更多关于孩子养育的事情交由妈妈来负责，以减少自己的负面情绪。

这样的家庭，大多有一个过于苛责和强势的妈妈，爸爸想用自己的方式去陪伴孩子，却得不到足够的尊重和允许，而他又不愿意按照妈妈的意愿去调整自己的方式。为了避免冲突和对抗，爸爸放弃了自己的做法，同时也放弃了陪伴孩子的责任。

我说 "苛责" 和 "强势"，丝毫没有否定妈妈们的意思，相反，更多的是心疼。

因为没有任何人愿意独自一人把家里的大小事担起来，除非这个人发现自己没有依靠或无法依靠他人。

我想告诉妈妈们的是，其实你有依靠，你可以依靠爸爸，只要放弃成为 "全能妈妈" 的想法，把对自己的要求放低一点，尝试给爸爸一些机会来帮自己，哪怕对方暂时达不到你的期待，也可以先从 "授权" 开始，通过鼓励，慢慢帮助对方提升能力。

058

乐爸以前经常对我说："我感觉怎么做都达不到你的要求，干脆你来吧。"但是现在我经常对乐爸说："我不是全能的，我需要你的帮助，你不需要按照我的要求陪伴乐乐，尽你所能就行。"

所以，放下自己严苛的要求，不做"全能妈妈"，给爸爸一些"被需要"的机会吧。

— 帮助爸爸发现他陪伴孩子的优势 —

很多爸爸虽然事业上很成功，对自己在职场上的优劣势非常了解，但是在陪伴孩子方面对自己的了解却很少。

但在这方面，妈妈往往很敏感，同时，因为对孩子和丈夫很了解，妈妈反而可以很容易发现爸爸在陪伴孩子上的优势，从而帮助爸爸更好地陪伴孩子。

我家二宝雄雄特别喜欢阅读，我从他 3 个月大起就开始亲子阅读了，培养他每天阅读的习惯。在亲子阅读方面，我和孩子爸爸各有优势。我知道雄雄喜欢哪类图书，也知道如何给雄雄挑选合适的书，但我不太喜欢反复讲同一本书。爸爸和我不同，他非常有耐心，哪怕把一本书连续读 10 遍，他也能用同样的状态读给雄雄听，这就是爸爸的优势。我看到了爸爸的优势，不断肯定和鼓励他，他给雄雄读书就越来越起劲。

在家庭中，陪伴孩子成长本身就是父母双方的责任。对方不能积极参与陪伴，可能不是因为他不想，而是因为没有看到自己在陪伴孩子成长这件事情上的价值在哪里。

如果你能帮助对方看到自己的优势和价值，他自然会自发、自愿地去做这件事，因为每个人都会寻求价值感，你能让他不断看到自己在陪伴孩子上的价值，而且还是用他很擅长、做起来很轻松的方式，他自然不会拒绝。

— 即便爸爸做得不好，也要多鼓励 —

很多爸爸刚开始也愿意多陪伴孩子，但是慢慢地就不愿意了，这是因为做得不好时会被妈妈批评、指责，为了避免被批评、指责，他们干脆不做了。

爸爸陪伴孩子的经验可能不如妈妈多，细心程度也不够高，如果刚开始就对爸爸的要求太高，容易打击爸爸的积极性。

所以，如果想爸爸有效陪伴孩子，即便爸爸做得不够好，也要多鼓励他。

我们家老大乐乐刚上一年级时，有一天早晨，我让乐爸送乐乐上学。结果，乐乐中午回到家气呼呼地告诉我，爸爸忘记提醒他带早餐盒了，他没吃早饭，饿了一上午。

我并没有指责乐爸，只是告诉他乐乐早上没能吃早饭的事实。因为我授权他送乐乐上学，就要允许他按照他的方式去做，并鼓励他做得好的地方，即准时把乐乐送到学校。乐爸后来也吸取了教训，我再授权他陪乐乐做什么事，他都会先问我，有没有什么需要注意的地方。

我也会和乐乐沟通，一方面让乐乐理解爸爸，告诉他爸爸不熟悉早上的流程，忘记一些事也很正常；另一方面告诉乐乐，自己上学用的物品要自己整理，爸爸妈妈可以提醒他，但是他不能依赖爸爸妈妈。

乐爸刚开始在周末独自带乐乐出去玩时，经常会忘记给乐乐带水杯、尿不湿、隔汗巾、换洗衣服，有一次乐乐真的尿湿了裤子，却没有可以更换的裤子。不过，从此以后，乐爸就记得出门前要给乐乐带哪些东西了。

对男人来说，有时候提醒不是那么有用，他们自己体验到问题所在，他们在经验和认知上才能和我们同频。

组织心理学家亚当·格兰特（Adam Grant）说："当其他人让我们感到失望的时候，不是因为他们的行为本身，而是因为他们的行为没有达成我们的期待。"

你无法控制别人的行为，但是你可以选择不让他人的行为影响你的情绪。要做到这一点，你就得清楚自己的期望是什么，是否需要调整为更加合理的期望。

要允许爸爸在陪伴孩子时做得不如妈妈好，允许他按自己的方式陪伴孩子，允许他犯错，不因为他没做好而烦恼、生气。我们要先让爸爸参与进来，再帮助爸爸提升育儿能力。

想鼓励爸爸主动参与陪伴孩子，就不能用一堆要求把他们吓跑，而要让他们放下担心，感受到被信任，相信自己有能力处理好孩子的问题，从而带着放松的心情接受这项挑战；再对爸爸做得好的地方进行赞美，让他们看到自己陪伴孩子的能力慢慢提升，就能进入一个良性循环。而进入良性循环后，我们再在一些不够完美的细节上给予爸爸支持和帮助，他们就会做得越来越好。

— 让爸爸体验到陪伴孩子的快乐 —

快乐是每个人的追求。如果爸爸体验到陪伴孩子的快乐，就一定会更积极主动地陪伴孩子。

曾经的我也特别想改变乐爸，最后发现这条路走不通，才换了一条让彼此"双赢"的路径。现在，乐爸在陪伴乐乐这件事上做得非常好，让我打分的话，我可以给他打 95 分以上。

乐乐上幼儿园时，幼儿园的亲子活动几乎都是我一个人去参加的，乐爸不喜欢参加这样的活动。我在亲子活动现场看到很多家庭都是爸爸妈妈陪孩子一起参加，心里还是有些失落的，我把这种失落的心情也投射到了乐乐身上，觉得他应该比我还失落。别人家都是爸爸妈妈一起陪孩子，我的孩子只有妈妈陪伴，孩子该多难过啊。

于是我开始去劝说乐爸，但是不论我怎么劝，乐爸都不愿意参加，他更喜欢我们一家三口共度的家庭亲子时光。这就是他的偏好和性格，我说服不了他，感到很沮丧，甚至觉得他有些自私，就埋怨他："为了孩子，你就不能改变一下自己的偏好吗？又不是天天都要去参加活动。"

有一次，乐乐幼儿园的亲子活动需要一位家长当义务摄影师。刚好乐爸特别喜欢摄影，那段时间还买了专业的设备练习。我就把乐乐班级招募摄影师的事告诉了乐爸，没想到乐爸答应了。活动结束后，乐爸的拍摄的照片得到了其他家长的赞赏，乐爸也很开心。

此后，每次班级亲子活动时，乐爸几乎都会去做义务摄影师。有一次，我指着班级亲子活动的照片对乐爸说："你看乐乐在亲子活动中玩得多开心呀，有些项目，我体能不够好，如果你能陪他一起参加，乐乐会更开心。"

我只是无意中提到这么一次，没想到乐爸被说动了，他说："那下次亲子活动我也参加吧。"

乐爸第一次参加完乐乐班级的亲子活动后，我问他感觉怎么样，他的回答让我很惊讶，他说："我觉得没有我想象中那么有压力，还挺好玩的，而且我看到乐乐很开心，现在觉得偶尔参加这种活动也挺好的。"

我这才知道，乐爸以前非常不愿意参加乐乐班级的亲子活动，是因为他在陌生的环境中会感到压力，参加亲子活动会让他有些不自在。而在给班级当义务摄影师的过程中，他在现场感受到了孩子们有爸爸妈妈陪伴的快乐，看到了孩子们脸上洋溢的笑容，也发现如果自己在孩子身边，孩子会更加开心。

乐爸的改变是我始料未及的，也让我意识到，当我放下了改变他的想法，他反而主动做出了调整，为孩子而改变了自己。这种改变基于他自己的体验，如果没有这种体验，只靠我不断劝说他，可能乐乐永远没有机会享受到爸爸陪伴参加亲子活动的快乐。

如果孩子爸爸本来就抗拒陪伴孩子，一开始你更不要对爸爸期待太高，而是要想办法让他感受陪伴孩子的快乐，相信他会乐于陪伴孩子的。

很多爸爸在没有参与过陪伴孩子的活动时，可能会误认为陪伴孩子是很烦人的事，但当他们体验后会发现，孩子会追随自己，会崇拜自己，会依恋自己，会需要自己，这种成就感、自豪感是任何工作上的成功都无法替代的。

也许你家孩子的爸爸还不懂得陪伴孩子的意义，还没有体会过陪伴的力量，但是我相信，你作为孩子的妈妈，有能力通过鼓励、信任的方式，用你的智慧帮助爸爸迈出第一步，参与到育儿中，让你的孩子能够享受到父亲的陪伴，追着父亲的脚步跑。

如何让爸爸跟孩子更亲密

在有些家庭中，因为爸爸陪伴孩子的意识不够，孩子和爸爸不亲，甚至在爸爸想多陪陪孩子的时候，孩子也不想要爸爸陪，只要妈妈的陪伴。在这种情况下，如果没有妈妈的支持，爸爸很容易产生挫败感，感觉自己"不被需要"而回到不愿意陪孩子的状态。

那么，妈妈该如何帮助爸爸，让爸爸和孩子的关系更亲密呢？

— 告诉爸爸从吃和玩的基本需求着手 —

孩子小时候的需求基本上就是吃和玩，只要给他好吃的、好玩的，孩子就愿意跟你在一起。

有一次，我在诊所调理身体，我旁边的诊床上躺着一位上了年纪的女士。不一会儿，闯进来一位五六岁的小女孩，她大哭着奔向那位女士："姥姥，我要姥姥。"小女孩的妈妈跟进来解释说，女儿不要自己陪，只要姥姥陪。后来我才得知，小女孩从出生开始就由姥姥带，她的妈妈和爸爸平时太忙，每天晚上回来时孩子都睡着了，甚至周末也没时间陪伴孩子。

可孩子姥姥现在正在扎针，怎么陪小女孩呢？妈妈耐心地劝解着小女孩："姥姥身上扎了针，你不能靠近，会扎到你""姥姥生病了，要调理身体，你让姥姥休息一下。"可无论妈妈怎么劝，小女孩一直哭着要姥姥。最后妈妈只好说："妈妈带你去买好吃的、玩好玩的，等我们吃完、玩完回来，姥姥就调理好了，到时候再让姥姥陪你玩，好不好？"小女孩勉强答应了。妈妈用吃和玩解决了这个问题。

孩子想去游乐园，就让孩子去找爸爸，让爸爸带他去最好玩的游乐场玩个够；孩子想吃棒棒糖，妈妈不给买，可以让孩子找爸爸，让爸爸买好吃的棒棒糖。从孩子吃和玩的基本需求入手，是拉近爸爸与孩子距离的最简单易行的办法。从最简单的事入手，爸爸也会有成就感。

— 妈妈要赋予爸爸力量感 —

很多家庭里都是妈妈陪伴孩子的时间多，妈妈最有话语权，慢慢地，爸爸在家里就成了附属角色，什么都是妈妈说了算，什么都按照妈妈的要求来，长此以往，爸爸在孩子面前的力量感会被削弱。

爸爸本来就因为陪伴孩子的时间少，和孩子的关系比较疏远，再加上在孩子面前没有力量感，就更难靠近孩子了。

在这种情况下，妈妈需要在孩子面前重塑爸爸的形象，帮助孩子看到多维度的爸爸。如果爸爸在事业上特别成功，这份成功与爸爸的某个优秀特质息息相关，就可以和孩子聊聊爸爸这方面的特质；如果爸爸特别善良，热心公益，也可以跟孩子聊聊爸爸的这些优势；如果爸爸很严厉，很少陪孩子，但其实特别关心孩子的成长，并且愿意多花些时间陪伴孩子，那么也可以和孩子聊聊爸爸的想法。

这些都是帮爸爸在孩子面前重塑形象，让爸爸更有力量感的好办法。

还有，要在家里给爸爸一定的空间。有的爸爸容易把东西弄乱，喜欢睡懒觉，把臭袜子到处塞，不叠被子……他和妈妈的生活习惯不同，妈妈也不喜欢。一些妈妈会忍不住当着孩子的面批评爸爸，但这样会损害爸爸在孩子心中的形象。正确的做法是，妈妈可以在和爸爸单独在一起时聊聊这些事，而不是当着孩子的面。

— 要多创造爸爸与孩子在一起的机会 —

很多爸爸因为工作性质的原因，无法请假参加孩子班级的亲子活动，也不可能接送孩子上兴趣班，平时很少有时间陪伴孩子。

如果你通过前面的学习和实践激发了爸爸陪伴孩子的主动性，此时就需要做好安排和计划，为爸爸创造陪伴孩子的机会，促进他们的亲子关系。

二宝雄雄 2 岁左右时，爸爸很忙，陪伴雄雄的时间很少，导致雄雄每天早上看到我准备去上班时会说："妈妈不上班班，爸爸上班班。"晚上洗漱时，我会让乐爸带一会儿雄雄，这时雄雄会尖叫"不要爸爸，要妈妈"。

后来，每天早上上班前，我都会让爸爸带雄雄去阳台上给花草浇水，因为这是雄雄最喜欢做的事；每天下班后，我也会让爸爸带雄雄去小区里打羽毛球，虽然雄雄不会打，但他很喜欢；我忙的时候，如果爸爸也很累，我就让他带雄雄去乐乐房间，因为雄雄喜欢去哥哥的房间，里面有各种有趣的小东西。平时我们为了防止他乱翻哥哥的东西，都让乐乐把房间反锁，现在有机会在爸爸的陪伴下玩哥哥的东西，雄雄开心极了。

随着雄雄与爸爸相处时间的增多，他对爸爸的抗拒也越来越小，慢慢地，他也愿意让爸爸给他读书了，而这曾经是妈妈的"专利"。

你是深度陪伴的CEO，在为爸爸创造与孩子在一起的机会方面，可以充分发挥统筹和协调作用。你对孩子和爸爸都很了解，能找到最合适的方案，促进孩子和爸爸的关系。

— 让爸爸的陪伴变得有规律、有仪式感 —

如果爸爸工作很忙，经常出差，可以建议爸爸在陪伴孩子时多做一些规律性的事，这样即便陪伴时间少，孩子也能很好地感知到爸爸的陪伴，有助于亲子关系的良性发展。

乐乐小时候，有段时间爸爸非常忙，陪伴他的时间非常有限。但是每次下班后，爸爸都一定会带乐乐去小区的木梯子爬上爬下，去有很多流浪猫的地方看小猫咪，他们还给这个地方取名"白猫基地"。回家时，他们也会一起爬楼梯而不是坐电梯。

在我看来，这些事情太没意思了，好不容易陪陪孩子，怎么也要做点特别的事情吧。但后来我发现，孩子就是需要这种有规律的陪伴，它会慢慢变成一种仪式感，不断加固孩子和爸爸的共同回忆，让孩子知道，不论爸爸是否忙碌，这份陪伴一直都在。所以每次说起喜欢爸爸陪自己做什么时，乐乐都会一口气说出一大堆这样的事。

爸爸对孩子的深度陪伴，不一定需要很多时间。让爸爸的陪伴变得有规律、有仪式感，是促进爸爸和孩子关系的好方法。

— 和孩子一起多聊聊爸爸的陪伴 —

爸爸陪伴孩子的过程中一定有很多温馨的小细节，发生过一些带给孩子欢乐的事。妈妈可以把这些记录下来。孩子和妈妈谈到某些好的感受时，如果爸爸不在场，妈妈也可以把这些转达给爸爸。通过这样的方式，爸爸也会得到更多成就感和价值感，而在受到鼓励后，爸爸也会更有动力多陪伴孩子。

如果爸爸陪伴孩子的时间少，妈妈还可以多和孩子聊聊和爸爸一起玩的事情。回忆这些事的过程，也是在加强孩子关于记忆的神经元连接，同时，在回忆特别愉悦的事情时，孩子也在加强该事件和愉悦心情的关联度。孩子反复体验这种感觉，就会对和爸爸一起玩产生更多的需求，即使爸爸总是很忙，孩子也会主动表达这一需求，从而让爸爸在孩子的提醒下对自己的时间安排做一些调整。

如何处理夫妻育儿理念冲突

孩子是妈妈怀胎十月辛苦生下来的，也是妈妈付出精力日夜照顾长大的，所以妈妈的爱子之心会更迫切，更愿意为孩子学习科学育儿的方法。

爸爸对孩子的爱可能更多地表现在给孩子更好的物质条件上，爸爸们往往不会主动学习科学系统的育儿知识。很多爸爸可能会想："我的事业经营得这么好，还需要学习怎样养育孩子吗？"

这样，家庭中就会出现育儿理念的差异，妈妈自然希望爸爸和自己的育儿理念一致，更好地陪伴孩子长大；而爸爸因为没有进行系统性学习，无法和妈妈保持同频，甚至不认可妈妈的教育方式。如此，妈妈在养育孩子上付出的努力得不到认可，爸爸在赚钱养家上付出的努力也得不到认可，双方的隔阂越来越大。

夫妻一旦在育儿理念上有冲突，就很容易出现争执，该如何处理这种理念冲突呢？

◕ 理念冲突很正常

其实在大部分家庭里，夫妻的育儿理念都存在差异，一开始就统一理念的夫妻非常少见。我和乐爸也是如此，在养育乐乐的过程中，我们的理念才逐渐磨合统一。所以，不必为差异焦虑，这很正常。

刚开始当妈妈时，我和乐爸的育儿理念就有着很大的差异。我的育儿理念是，只需要和孩子统一目标，给他充足的自由和空间，让他自己去分解计划，按自己的节奏实现目标；而乐爸的育儿理念是，孩子还小，很多事还不懂，需要多一些督促和提醒，才能养成好习惯和自律能力，否则孩子没有自控力，说得好却做不到，会耽误成长。

我的育儿理念来自我的经验，因为小时候我最渴望爸妈不要管我那么多，只要和我确认好目标，我就会制订并执行计划，自觉地努力实现目标。

而乐爸的育儿理念也来自他的经验，他小时候也被父母管得比较多，而他因此养成了很多受益终身的好习惯，也让他学习成绩优异，所以他认为这样对孩子有好处。

我俩谁都没法说服对方，因为每个人都更相信自己的成功经验。

一个人的育儿理念往往与其原生家庭息息相关。如果你和伴侣来自完全不同的原生家庭，你们俩的育儿理念不一致非常正常。

而且，大部分人在恋爱时很容易被与自己不一样的人吸引，这个"不一样"其实就是不同的原生家庭带来的。

在养育乐乐的过程中，我和乐爸发现，乐乐既不完全适合我的育儿理念，也不完全适合他的育儿理念，乐乐不喜欢被督促和提醒。但如果只和乐乐一起定目标而不帮助他分解目标，不在过程中观察他的计划进展并及时给予支持，他又很可能因拿不到想要的结果而挫败、气馁，甚至放弃。

最后，我们结合孩子的需要和反馈，在对乐乐的育儿理念上达成了一致：不去督促和提醒乐乐，但是要帮助乐乐分解任务，并且每完成一个小任务都要带着乐乐一起复盘，让他享受更多的成就感，减少挫败感；我们会仔细观察乐乐的情绪，发现他有情绪波动时，就去倾听他的感受，第一时间给予他情绪支持。

所以，夫妻育儿理念是否一致，并不是最重要的，你们的理念是否适合孩子、是否真的符合孩子的需要，才是你们要花时间磨合和验证的。

⌒ 有冲突，成长空间才更大

很多夫妻为孩子的事情争吵，多半是因为育儿理念有冲突。有的家庭中，爸爸对孩子太凶，动不动就批评打骂；有的家庭中，爸爸对孩子太宠爱，妈妈很难帮助孩子养成好习惯。总之，家家都有一本难念的经。

我的一个学员曾经因为和丈夫的育儿理念不一致，特别苦恼。

来自一位深度陪伴学员的分享

我老公特别宠孩子，无论什么情况，只要孩子一哭，哪怕要天上的月亮，他都会去摘。在吃零食的问题上，我不希望孩子吃太多，但爸爸对孩子有求必应，冬天吃冰淇淋、睡前吃糖还不刷牙。我觉得对女儿和儿子应该一视同仁，但是爸爸喜欢女儿，会更偏心女儿，经常为了讨好女儿而故意贬低儿子。

女儿做了什么，爸爸会说："你看你会，弟弟都不会。"在外面玩，女儿不玩的玩具，儿子赶快跑过去玩，女儿看到又要抢过来，爸爸就帮女儿从儿子手中抢过来。

和孩子爸爸的育儿理念差异大让这位妈妈非常苦恼，促使她来学习深度陪伴的课程。后来，她的认知提升了，不再把关注点放在爸爸身上，而是用自己的陪伴潜移默化地影响爸爸，她自己的情绪受爸爸行为影响的次数也越来越少，他们的夫妻关系改善了，爸爸也在慢慢地改变。

我告诉她：

正因为你和孩子爸爸的育儿理念有差异，你才不得不来学习，然后你才会成长。你会发现，原来自己可做的事情那么多，完全能跳出 "对方改变，现状才会改变" 的误区。你看到了自己的成长对家庭是如此重要，你的信心提升了，夫妻关系改善了，孩子也成长得很好，甚至爸爸也在慢慢地改变，多好啊，你要感谢你们会因育儿理念发生冲突。

遇到问题时，人习惯性地想去消灭问题，觉得问题是不好的，是导致自己处于困境的原因。

如果带着这样的想法，人就会要求导致问题产生的人来负责："你做得不对，所以才有问题，你需要改变。"而让对方改变显然是一件难以实现的事，于是你陷入沮丧、无助的情绪中，认为自己是一个 "受害者"。这样的心态会让你的能量越来越低，越来越容易发脾气，甚至会产生 "这样的日子过不下去了，还不如自己一个人带孩子轻松" 的想法。

072

其实，这都是"问题"产生的"问题"。

如果"问题"不再是"问题"，你还会这样想吗？当然不会。

我从来不认为夫妻育儿理念有冲突是问题，因为冲突本身就是生活的一部分，而且冲突可以为彼此制造沟通机会。大部分年轻夫妻工作很忙，难得有机会深度沟通，如果不把冲突视为问题，而是机会，就可以借此机会为了孩子的事情坐下来好好聊一聊，夫妻双方就能找到更多用沟通促进感情的方式。

所以，可以尝试把育儿理念不一致导致的冲突看作成长和觉醒的契机。

一个人如果活得非常舒适，生活顺利，就不会有成长的动力。人只有对自己的现状不满意，才会努力去成长。

所以我很感谢乐爸，正因为和他有过很多育儿理念的冲突，我才不断地学习、成长，成为今天的我。

我也很感谢我的父母，他们给了我一个缺爱的原生家庭，促使我学习成为理想的父母，让我的孩子能够在满满的爱和安全感中长大，并使我走上家庭教育的道路，成为今天的我。

我还很感谢乐乐，正因为他小时候爱发脾气、需求非常高，我才会去学习如何管理好自己的情绪、如何引导他管理情绪，然后在情绪管理方面有了很强的实战能力，成为今天的我。

我收获的一切，都源自问题、冲突。

所以，不要害怕冲突，冲突会使你成长。

◯ 三个诀窍，统一理念

人是不喜欢被别人改变的，但是我相信每一位爸爸妈妈都愿意为了孩子未来的幸福主动做出力所能及的改变。前提是，夫妻两人中必须有一个人先有更高层次的育儿认知，并且能够用对方理解的语言和逻辑把这些改变对孩子的影响说明白，这样才能让对方认同并且主动做出改变。

── 寻找共同目标，把不同变统一 ──

你要相信，夫妻两人只要相爱，就一定能找到共同的目标，即让孩子有更好的未来。既然目标一致，就不会故意做有损孩子成长的事情，不会伤害孩子。但即便爸爸经常打骂孩子，意识不到自己的行为对孩子的伤害，也不代表他就是无可救药的爸爸，这或许是因为他小时候受到家庭养育环境的影响，形成了暴躁的性格。此时，爸爸需要的不是苛责，而是帮助。

有了共同的目标，在育儿理念不同时，就可以用目标不断提醒彼此，为了孩子做适当的改变。

只是，我们要用对方能听懂的育儿逻辑和对方沟通，而不是用我们自己的逻辑强行进行无效沟通。

来自深度陪伴学员 Yoyo 的分享

我经常听到孩子爸爸威胁两个孩子："不吃饭算了，以后都不要吃了。""不起床是吧？那就不要起了，以后都不要上学了，在家做手工赚钱养活自己吧。"

一天晚上，我决定和他好好聊一聊。

我："我记得以前给你讲过马斯洛的需求层次理论，你记得吗？"

孩子爸爸："忘记了，你知道我很难记住与工作无关的事情。"

我："马斯洛的需求层次理论将人的需求分为 5 个层次，即生理需求、安全需求、社交需求、尊重需求和自我实现需求。"

孩子爸爸："然后呢？"

我："你经常威胁孩子，说要不给孩子饭吃、不让孩子上学，你有没有觉得你把孩子的需求拉到了最低层次的生理需求？我们的孩子一出生，生理需求就得到了充分的满足；她们生活在一个非常安全的国家，安全需要得到了满足；有一个幸福的家庭，归属感也得到了满足。所以我们需要做到的是尊重她们的需求，帮助她们尽快达到更高层次的需求，即自我实现，你觉得呢？"

孩子爸爸沉思了一会儿，认同了我的说法，我俩终于在教育孩子的理念上达成了一致。

借助权威第三方，而不仅仅靠自己的努力

夫妻之间经常会有这样的情况：你很早以前就和对方讲过某个理念，但对方完全听不进去，但如果某天对方偶然听到权威专家讲到类似的观点，可能会特别认同，还和你分享，好像是第一次听到这样的观点一样。

大部分爸爸都喜欢专业的解释、严谨的数据。

如果对孩子爸爸说"我觉得这位老师讲得很好""我用了这个方法很有效"，他们可能不愿意听，因为他们认为这只是你个人的感觉。

所以，如果妈妈学习了深度陪伴的育儿理念和育儿知识，不必急于分享给伴侣，因为这些知识经过你的消化理解和转述，可能会让对方觉得你添加了很多主观想法，是为了改变他而故意这样说。

但是，如果你把育儿专家的文章或著作，或者某个知名心理学家的观点和课程分享给对方，可能更容易让对方认同，因为这是权威第三方的观点和建议，对方不用担心你为了说服他而故意扭曲了信息，所以在接收信息时更愿意抱有 "空杯心态"，更愿意听取其观点和建议。

— 用好的结果去带动爸爸与你统一育儿理念 —

人大多是趋利避害的，也就是说，人看到某件事对自己有好处时，就愿意去做；看到某件事对自己有坏处时，就不会去做。

在统一爸爸的育儿理念方面，妈妈们也可以多多运用这一点，让爸爸意识到，与你采取同样的做法对他有好处。

我们家二宝雄雄 2 岁时，爸爸和雄雄经常发生冲突，因为这个阶段的雄雄已经有非常强的自我意识了，好多事情一定要按自己的想法来，如果被爸爸拒绝，就会大哭大闹，而爸爸觉得规则比较重要，不行就是不行，于是雄雄常常哭得非常伤心。

有一天中午吃完饭，雄雄从餐椅上下来，脱掉袜子在地上跑。当时是冬天，很冷，爸爸担心雄雄着凉，就赶紧追上去，告诉雄雄："不能光着脚，会着凉的。"

雄雄才不听呢。

爸爸强行把雄雄抱起来，给他穿袜子，雄雄大哭，几下就把脚上的袜子扒拉下来了，就是不穿。一个强行穿，一个不肯穿，两个人陷入僵局。

我走过去把雄雄抱过来，对雄雄说："妈妈知道雄雄不喜欢穿袜子，穿上袜子有些受限制是不是？但是呢，我们的脚脚不穿袜子容易着凉，着凉了就会咳嗽、流鼻涕，会生病，很不舒服，所以我们要保护好脚脚，好吗？"

然后我把袜子给雄雄穿上，雄雄没有任何反抗和抵触。

我对爸爸说："你看，雄雄表现得多棒，虽然觉得穿袜子不舒服，但还是为了不着凉而穿上了袜子。爸爸觉得我们雄雄棒不棒呀？"

爸爸也很配合，马上竖起拇指表扬雄雄："雄雄做得很棒！"

雄雄特别开心。我顺势对雄雄说："妈妈知道你也不喜欢穿棉拖鞋，但是棉拖鞋也可以更好地保护我们的脚脚哦。"

然后我给雄雄穿上了棉拖鞋，他同样没有任何抵触和反抗，马上就开心地去玩了。

我对爸爸说，雄雄是"吃软不吃硬"的性格，如果你先认可他，再引导他，他会更愿意听你的建议。

看到我的做法可以减少雄雄的哭闹，雄雄更愿意配合，也对雄雄更好，爸爸当然很愿意用我的方法对待雄雄。

而我也根本不需要特意与他统一育儿理念，我只需要让他看到我的做法更有效、更有利，他自然会因为"趋利避害"原则而与我的育儿理念保持统一了。

夫妻因为育儿理念不一致而陷入僵局时，妈妈不必急于追求理念的统一，可以先允许爸爸与自己的理念不一样，把学到的科学育儿方法用起来，用心经营与孩子的亲子关系。时间久了，爸爸发现用妈妈的方式陪孩子比用自己的方式陪孩子的结果更好，自然会发自内心地认同妈妈的做法。

夫妻合力，妈妈能量更高

一个家庭有了孩子后，夫妻之间很容易因孩子而产生冲突和隔阂。很多妈妈会因爸爸的育儿理念、认知和成长脚步与自己不同而对爸爸失去信心，宁愿自己更辛苦一点儿，以减少争论带来的情绪内耗。

妈妈的这种做法没有问题，它已经是当下自己能力范围内最好的选择了。但如果我们希望自己能量更高，并把家庭经营得更好，则一定要夫妻合力。两个人共同努力好于一个人孤军奋战，更好于彼此拉扯。

那么，怎样做才能夫妻合力，让妈妈的能量更高呢？

● 真实比认同更重要

家庭是孩子成长的土壤，可是在很多家庭中，夫妻二人总是因为隔阂、冲突，出现太多情绪内耗，比如：

我为家庭付出这么多，这么累，你为什么不能多帮帮我？

我在外打拼应酬这么辛苦，这么累，你为什么不能多理解我？

我负责养家，你负责带娃就好，你还有什么不满足的呢？

你既不学习育儿，又不支持我的做法，孩子出现问题主要是你的责任。

你有时间应酬，有时间出差，就是没时间陪我和孩子，这日子还能过下去吗？

……

夫妻经常发生冲突和争吵，我认为主要有三个原因。

第一，一方觉得自己付出了很多，感到委屈和压抑。

如果在某个环境里面得不到认同，或者感觉自己的观点不被认可，你会感受到巨大的压力，从而违心地做别人或环境期待你做的事，你心里会感到特别委屈。

比如，你是个大嗓门，但孩子爸爸不喜欢说话声音太大，你为了得到对方的认可，平时说话会刻意调低音量，甚至每次说话时都小心翼翼，生怕对方不高兴。你太在意对方是否认可你了。

比如，你喜欢热闹，但孩子爸爸喜欢清静，你为了让孩子爸爸参与更多家庭活动，只好顺应他的喜好，做一些安静的活动，比如去公园里逛逛、和孩子在家里看书，等等。时间久了，本来充满活力的你变得特别沉默，你时常感觉压抑，都快认不出自己了。

这样做的好处是暂时避免了冲突，夫妻关系看似和谐了；坏处是，你不再是你自己，你变成了对方期待的人。你心里隐藏着一股无名火，某件小事就能触动它的开关，让你大发雷霆，可对方却莫名其妙："这么一件小事，你至于发那么大火吗？"对方不理解你，你心里有苦说不出，时间长了，你们难免爆发更大的冲突。

要从根源上解决这些问题，你可以尝试真实地表达自己的需求，告诉他"我就是天生的大嗓门，我可以尽量照顾你们的感受，降低音量说话，但是请不要对我那么苛责"；你也可以尝试满足自己真实的需求，把孩子爸爸的看法丢在一边，偶尔抛下爸爸，自己带着孩子做让你内心舒畅的事。

从长期来看，委屈自己去获得对方的认同，并不会让你们的夫妻关系更和谐，而面对真实的自己则会让你的能量保持在一个比较高的水平上，让你更能面对彼此的不同和冲突。

第二，看不惯对方的做法，希望对方听自己的，但是对方不听。

这是绝大部分家庭都会出现的问题。可这些问题为什么没在结婚前出现呢？为什么结婚前你们都觉得对方那么好，看不到对方的问题呢？

比如，结婚前你觉得对方温柔体贴，但结婚后你发现对方是一个特别没有同理心、控制欲特别强的人；或者，结婚前你觉得对方是个讲道理的人，婚后却发现对方一点儿都不讲道理，还喜欢发脾气、打孩子。

真相是，结婚前我们要么只看到了理想中对方的样子，而不是对方真实的样子；要么对方把自己真实的样子藏起来了，只让你看到了你想看到的样子。

这些发现一定会让你感到失望。这种失望的感受会让你不自觉地想去改变对方，把对方变成你期待的样子或者你以前看到的他的样子。同样，对方也在对你做同样的事情，可能也在不断尝试改变你，让你变成他期待的样子，或者以前的你的样子。于是，你们的冲突越来越大，争吵越来越多。

有一次，我让乐爸陪我去商场买衣服。买完衣服，我还需要去趟超市，乐爸委婉地表示自己累了不想去，我们出门时也没计划去超市。我成功地说服了他陪我去超市，但从超市出来后，我发现还可以顺便再做点其他事，乐爸的脸色就不好看了。而我看到他不情不愿的样子，也很生气，觉得自己又没有强迫他，他既然选择了陪我逛街，就不应该不高兴。

乐爸的心声是："我不喜欢逛街，只是出于爱你才答应了陪你买完衣服后逛超市，可逛完超市你还要继续逛，这实在太勉强我了。"

我俩的冲突在于，我眼中的对方是"不想做，就果断拒绝"的人，可实际上乐爸是一个特别照顾别人感受，为别人着想的人。他自己明明不想做的事，但因为爱我，他并不会断然拒绝。但后来他觉得自己的感受不断被忽视，身体累到极点，脸色也不好看了。

如果我坚持"我又没有强迫你，你如果实在不愿意就拒绝，但不要做了之后又抱怨"，我就是在试图改变他的性格，把他变成"我眼中的他"。

但是，如果我能够看见他真实的样子，我就会把选择权交给他。

比如，我让他陪我逛超市，在他回应"要多久"或"你出门之前没有说要逛超市"时，我就应该意识到，他在释放"我不太想做这件事"的信号，我可以主动确认他的想法："你是不是不想逛超市？如果你不想逛，就在旁边坐着等我或先回家，我自己去超市也可以，你不用勉强自己，我没问题的。"

事实上，我这样做了，此后我再也没有和乐爸为生活小事争吵，因为我们都愿意看见真实的对方，而不是试图改变对方。允许对方做真实的自己，也允许自己做真实的自己，夫妻之间的关系会越来越好。

第三，自己付出了很多，对方却看不见。

很多妈妈扮演的都是默默为家庭付出的角色，我刚结婚时也把自己设定成了这样的角色。

每天下班回家，我会马上换上拖鞋、围裙，进厨房忙碌，然后端出自己精心烹制的饭菜给坐在沙发上看书的乐爸吃，有一种"贤妻良母"的自豪感。

吃完饭、洗完碗，我又会马上拿起扫帚、拖把、抹布，开始清洁，看到家里一尘不染的样子，我又会产生"贤妻良母"的自豪感。

可是，当我看到乐爸勉强吃了几口我用心做的饭菜就不再吃了，看到他穿着湿漉漉的拖鞋在我用心打扫的地板上印出脏脚印时，我会愤怒，对着他一顿抱怨和指责。

有一天，乐爸对我说："如果你不喜欢做饭和打扫卫生，不做也可以，没必要为了这些小事发那么大脾气呀。"

那一刻，我突然意识到，其实我根本不享受做饭和打扫卫生的过程，我做这两件事情的唯一动力就是让乐爸看见我的付出。如果他看不见，或者他觉得没有价值、不重要，我的动力就消失了。

所以从那天开始，我决定做真实的自己。当我发自内心地想做顿饭犒劳自己时，就开心地做饭，至于乐爸吃不吃，并不重要；当我发自内心地想通过打扫房间让自己心情愉悦时，就放着音乐开心地打扫卫生，至于乐爸是否珍惜和看见我的付出，并不重要。

从那以后，我俩几乎没有再为家务琐事争吵了。

说起婚姻的哲学，我还想到了自己特别喜欢的一个小故事。

长颈鹿和鳄鱼相恋了，她来到城市郊区，搬进了鳄鱼的小房子。但在鳄鱼的小房子里，长颈鹿走到哪儿都会撞到头。

于是他们又一起搬进了长颈鹿的大房子里。在长颈鹿的大房子里，鳄鱼需要爬上高高的椅子才能和长颈鹿一起吃饭，很不方便。

于是，他们在地板下挖了一个洞，长颈鹿坐在地板下，只需把头伸出来，但她的脚冻得冰凉冰凉。

最后，他们想出了一个办法，合力修建了一个大游泳池，把家搬到了游泳池里。

住在泳池里的他们高度相同，可以互相对望，给对方最甜蜜的微笑，所有的问题都解决了。

如果双方能在婚姻里做真实的自己，同时又照顾对方的需求和感受，婚姻就有了保鲜剂。

大部分婚姻都会经历四个阶段。

第一个阶段：过度付出，失去自我。

刚开始恋爱时，多数人会有意无意地通过"失去自我"来迎合对方的需求。

而一段幸福的婚姻，一定不是靠一厢情愿的付出支撑下去的。就像我在前面讲到的，为了让乐爸看见我的付出，我一厢情愿地做饭和打扫卫生，就是典型的"看似心甘情愿的付出，实则背后藏着深深的牺牲感"。

第二个阶段：不再付出，活出自我。

如果一个人总是为家里操劳，又不被伴侣看见和认可，心里的积怨很容易越来越多。

地面脏了？对不起，我也很忙，没时间打扫。

肚子饿了？对不起，我也很累，你自己点外卖吧。

孩子没人管？对不起，孩子不是我一个人的，你也有责任。

你总忘记重要节日，对不起，那我以后也装不记得。

这样下去，看起来是更关注自己了，但两人之间就像隔了堵墙，心与心的距离越来越远。

我和乐爸也经历过这样的阶段。刚开始，我感觉很痛快，可渐渐地，又觉得没意思："我赌什么气呀，我这不是小肚鸡肠吗？这日子还过不过呀？"

但现在想来，这个阶段也很重要，它对一边付出一边有牺牲感的一方来说，是调整身心、重整旗鼓的重要阶段。

第三个阶段：保持自我，心甘情愿付出。

能达到这个状态，我的理解是，因为双方都能呈现真实的自我，所以付出就变得更加心甘情愿和无条件了，不会有任何牺牲感。

有一年，乐爸过生日时在外地出差。我想，怎样才能给他一个惊喜呢？

后来，我通过他的同事了解到他出差的地址，为他定了一束花，在他同事的帮助下，给了他一个小小的惊喜。

其实，这样的惊喜也是我喜欢的，但乐爸因为性格的缘故，从来没有给过我这样的惊喜。

他不给我这样的惊喜并不影响我为他做一些有小小仪式感的事情。在我们的婚姻中，他充分允许我做真正的自己。

在我以前一味付出、失去自我，情绪暴躁时，他对我说："我完全允许你做你自己，你不需要为了我做任何改变。"

这句话让我放下了一边付出一边索取的行为模式，也不再有牺牲感。

比如，我为他的生日送去惊喜，但我不期待他也在我生日时给我惊喜。

第四个阶段：看见彼此最美的样子。

单方面成长的婚姻，注定无法走到终点，夫妻只有双向奔赴，才是婚姻幸福美满的秘诀。而要做到双向奔赴，就需要双方都能看见对方最美的样子。

但在很多婚姻里，夫妻二人看到的更多的是对方的缺点。

他怎么这么不爱说话？

他怎么这么不顾及我的感受？

他怎么这么没有责任心？

他怎么这么爱玩游戏？

他怎么这么晚才回家？

他怎么这么不爱惜自己的身体？

……

而我们往往忘记了自己当初是因为什么才和对方步入了婚姻的殿堂。

我和乐爸曾经尝试在一本名为"爱的银行"的笔记本上记录彼此给对方的反馈，无论是好的，还是坏的。

刚开始记录时，我们发现记录的对方的缺点多于优点。我心想，这不行，这样记下去，"爱的银行"要变成"恨的银行"了。

于是，我建议在本上多记录彼此的优点和进步。慢慢地，我们发现，原来自己的很多优点对方都是看在眼里的，只不过以前缺少机会让对方知道。

我们要明白，不是所有人都喜欢把爱挂在嘴边，也不是所有人都喜欢用"说"的方式去表达爱。

也许换一种表达方式，情感会在彼此心中重新流动起来。

他不想说话，可能是因为他累了，那就给他空间，让他安静地看会儿书；

他不顾及你的感受，可能是因为他面对你的情绪不知所措，为了不激起你更大的愤怒，他只能默默走开；

他不管孩子，可能是因为他完全相信你有能力管好孩子，而忽略了父亲在育儿中的重要性。

学会看见彼此最美的样子，是拯救婚姻的"终极神器"。

你已经拥有的，不是你理想中的他，也不是什么都认可你的他，而是那个真实的他，那个并不完美，但是选择了和你一起组建家庭，陪伴孩子长大的他。

⌒ 不是"谁错谁改变"

在婚姻里吵来吵去时，你可能会冒出一个想法："凭什么每次都是我向你道歉，凭什么你不改？"

尤其是你在知道情绪要被倾听、被理解后，你可能会想："凭什么我要去倾听他的情绪，而不是他来倾听我的情绪？"

此时的你陷入了一个认知误区，即"谁对谁就有话语权，谁错谁就应该改变"。这个认知会成为你采取正确行动的障碍。

如何破除这个障碍呢？

推荐大家一个非常好用的方法：看这件事情让谁最痛苦。

如果最痛苦的是你，你就先改变，哪怕是对方做得不对。比如，丈夫不愿意周末送孩子上兴趣班，你很生气，但是他没有因此感觉到一点儿痛苦，反而觉得这样的生活很好，不陪孩子也没什么，孩子甚至没必要上兴趣班。

他没有感到痛苦，但你很痛苦，也许是因为你的认知要求比他高。你学习了养育知识，知道孩子需要深度陪伴，知道父母要成为孩子的榜样，知道父母的学习成长才是孩子的起跑线。而他不知道，所以他不痛苦。这个时候谁应该先改变？只能是你。

来自一位深度陪伴学员的分享

从我们家步行送孩子上幼儿园大概要用 20 分钟，为了节省接送孩子的时间，我买了一辆电动车，这样只要 6 分钟就能把孩子送到幼儿园。

一天下午，我要骑电动车去幼儿园接孩子，发现电动车不见了。我着急地到处找都没找到，只好步行去幼儿园，因为我去晚了，孩子不开心了好久。

晚上孩子爸爸回家我才知道，电动车被他骑走了。我特别生气，因为他平时上班可以开车，为什么要骑我接送孩子的电动车呢？而且骑走时他也不告诉我，害得我那么着急，还让孩子也不开心了。

孩子爸爸很真诚地向我道了歉，说以后遇到这种情况会告诉我。我以为事情结束了。没想到后来仍然不时出现类似的情况，每次和他沟通时，他都会很诚恳地向我道歉，过后却不改。我跟他争吵过几次，觉得是他的错，他影响了我的计划，影响了孩子。

因为这件事，那段时间我很不开心，也为不能改变他而痛苦。后来我想，事情总得解决呀，既然改变不了他，那就改变我自己吧。

我想到的解决方法是，每天中午去楼下查看电动车还在不在，如果不在，说明它又被孩子爸爸骑走了，那我就会多预留一点时间，走路去接孩子。这样做之后，我的情绪内耗少了很多，这件事情也不再困扰我了。

而且最神奇的是，我不再因此抱怨孩子爸爸，他反而记住了主动告诉我"我把你的电动车骑走了"。

在婚姻里更痛苦的，往往是觉醒更早的那个人。现状不能满足你的需求了，你觉得你们应该上一个更高的台阶，所以你才会痛苦。

国内知名的心理学家武志红曾经说过一句话大意是：一个成熟的个体，要懂得"谁的感受谁负责"的道理，当一份关系或一件事情令一个人不舒服时，有了"我的痛苦我负责"的意识，这个人才容易有动力去改变；而如果持有"我的痛苦你负责"的想法，就总想着去改变对方。

这就是为什么我会说，如果你在一段关系中感到痛苦，就先从自己开始改变，不论你有多充分的理由要求对方改变，都不可能奏效。

在婚姻里，对错不重要，就算你证明了你正确，对方错，但如果对方就是不改变，你也没有办法，因为对方不觉得痛苦，他没有动力改变。

在大多数家庭冲突中，女性往往更容易感到痛苦。

作为女性的你会觉得不公平，对方没有改变的动力，你却要改变，"为什么要我改变而不是他改变"的想法会一下子冒出来。

要想明白这件事，还得回到你的目标上。你是要争对错和公平，还是要好的结果。你的感受可能会告诉你，争对错和公平，但你的理性会告诉你，要一个好的结果。

记住，面对夫妻冲突，保持高能量的秘诀是：不是"谁错谁改变"，而是"谁痛苦谁改变"。

◯ 有冲突的婚姻也可以合力

妈妈们常常会探讨一个问题：什么样的婚姻经营起来会更容易、更轻松？是夫妻两人共同点多一些，还是两人互补多一些呢？讨论的结果是，各有各的优势，也各有各的问题。

如果两人共同点多一些，比如都爱运动，都愿意带孩子去户外，就不存在谁该带孩子去户外活动的争执。或者，两个人都很顾家，都愿意待在家里陪伴孩子，就不存在一个人陪伴孩子的时间多，一个人陪伴得少，陪伴得多的人心里不平衡的问题。但这样也会出现新问题：经营一个家庭需要的能力是多方面的，夫妻双方的能力和爱好太相似，家庭也会缺失一些功能。

如果两个人互补性多一点，彼此的习惯、性格、爱好、育儿理念差异大，就容易产生分歧和冲突；但是如果两个人能够有效调动彼此的优势，家庭的功能就相对完整一些。

大部分夫妻的互补性都比较强，这也是很多夫妻容易争吵的原因，他们更多地看到了彼此的不同，而没有想到该如何协同。

所以，如果你的婚姻是偏互补性的，那么首先要意识到，互补有它的优势，要先接受这种状态，允许彼此不一样。然后，可以多花一些时间去思考如何将你们的不同之处有效整合，协同发力，让你们的小家处在一种协同共创的状态中。

我和乐爸的性格一个外向，一个内向，差异很大。刚结婚时，我希望他和我一样，多参加一些社交活动，如果他不愿意，我就会闹情绪。但是随着对彼此的了解越来越深，我发现，他喜欢安静，喜欢看书，是很好的事。当我工作累了或带孩子累了时，他可以很有耐心地包容我的情绪，及时补位。反之，如果我俩每天都一起在外面活动，那么回到家后，就谁都没有能力为对方补充能量或承受对方的情绪，很容易为一点小事发生冲突。

所以，协同共创的夫妻关系，并不需要两人完全相同，而是需要两人发挥各自的优势，作为组合一起努力，其结果将大于两人各自独自努力得到的结果的简单相加。

大部分家庭的夫妻关系都会经历以下四个阶段。

第一个阶段是甜蜜期。

也就是从恋爱结婚到有孩子前的阶段，夫妻彼此坚信对方就是自己今生最想一起携手慢慢变老的人。

第二个阶段是争吵期。

有了孩子后，很多家庭会进入一个被鸡毛蒜皮的小事填满的生活状态。有时候，孩子的尿不湿没换好都能让夫妻大吵一架。

第三个阶段是磨合期。

彼此的爱都在，也都意识到了问题，双方开始平心静气地坐下来讨论孩子的养育问题以及沟通方式问题，并通过不断沟通各自的感受和需求让冲突慢慢减少。

第四个阶段是协同共创期。

双方对养育孩子的目标和理念、家庭的发展目标、各自需要为家庭付出的时间和精力、各自的职业发展规划等问题已经基本达成一致，即便偶尔有些小摩擦也心照不宣，能够互相接纳、理解，没有内耗，双方齐心协力共创更加美好幸福的未来。

每一个家庭的最终目标，都是进入第四个阶段——协同共创期。

在家庭中，好的夫妻关系甚至比好的亲子关系更重要。所以，孩子的父母既要一起深度陪伴孩子的成长，又要学会深度陪伴彼此成长。这样，一个家庭才能减少内耗，夫妻才能齐心协力把家经营好，把孩子养育好，也让彼此都在婚姻里变得更好。而夫妻关系进入协同共创期后，妈妈的能量也会越来越高。

⬣ 婚姻是一场共同成长的约定

很多人把婚姻当作"幸福保险柜"，以为选对了结婚对象，就能一生幸福。

而真相是：婚姻其实更像创业，真正从头到尾一直幸福的并不多，只不过绝大部分不幸福的婚姻并没有以离婚收场而已。

为什么创业那么苦，成功的概率那么低，仍然有那么多人义无反顾，即使撞得头破血流也坚持全力以赴？除了对成功的渴望，更重要的还有人对创业这件事的热情。

婚姻也一样，除了对白头到老的期待，更重要的还有你对这个和你一起过日子的人的爱。

婚姻是否幸福，一半取决于择偶，一半取决于你们对婚姻的经营。

有成熟人格的人在做选择前会先想清楚，一旦选择错误，自己是否可以承担后果。对婚姻来说，决定和对方一起共度余生的那一刻，你就需要想清楚，假设你看错了人，是否可以承担可能出现的一切后果。如果不能，那就先完成自我成长，让自己先足够成熟，再去开启一段婚姻。

一旦做出选择，不管出现怎样的结果，都只能顺其自然吗？

当然不是。

既然做出了选择，就全力以赴做好吧。

婚姻幸福的前提一定是无条件的爱和无条件的付出。只有这样，你才能够尽最大努力去经营你的婚姻。

有的人会想，一定要对方多付出一点，才代表他足够爱我。

那如果对方也这么想，你们的婚姻还有开始的必要吗？

婚姻中的每个人都要先爱自己，只有将自己爱的水杯蓄满，才有能力用好的方式爱对方，婚姻才可能幸福。

很多人会将爱自己等同于一切只顾自己，不顾对方。其实，爱自己并不意味着自私。爱自己的意思是，在照顾对方感受的同时不迷失自己，不忽略自己的感受，不为了迎合对方而把自己变成另外一个人。

进入婚姻后，柴米油盐酱醋茶的生活琐事最能慢慢沉淀出一个人的价值观和性格。

有的人喜欢安逸，不想离开舒适区；有的人喜欢挑战，愿意尝试生活的各种可能性；有的人喜欢抱怨批评，内心充满无力感，永远给不出建设性的意见；有的人即使跌入谷底，也依然对生活充满希望，永远可以找到办法克服当下的困难；有的人喜欢热闹，而有的人喜欢安静；有的人追求自由，而有的人更喜欢被对方 "管" 的感觉……

性格是可以磨合的，不能磨合的是价值观的问题。

很多被看好的婚姻未能长久，原因是一个人已经爬到山坡，而另一个人还在山脚。

婚姻中除了爱，还有成长。一段好的婚姻，一定会让你变得更好，你和对方也在同步成长。这份成长建立在共同的价值观上。如果一方不断前进，另一方拒绝前进，婚姻注定不会幸福。

对我们这些做妈妈的女性来说，不论目前与伴侣的育儿观和认知差异有多大，也不论对方是什么性格，他是不是在家庭里付出得少、抱怨得多、做错得多，这些都不重要。

重要的是，只要我们把自己放在家庭深度陪伴 CEO 的位置，就可以经营好协同共创的夫妻关系。如果我们不努力，除了难受和抱怨，什么也不会留下；但如果我们努力了，就有可能变好，即便最后彼此无法继续一起共同成长，也没有什么好惋惜的。

武志红曾说过一句话，我特别喜欢，也送给你：

两个人相遇时，实际上有六个人存在，那就是各自眼中的自己、各自在对方眼中的自己和各自真实的自己。

也希望每一位父母都能够在婚姻中做自己，经营好协同共创的夫妻关系，这样你们才能为孩子创造好的家庭土壤，为孩子的成长助力。

第三章

魔法 3

读懂孩子的"地图"

孩子是妈妈生的，但并不代表妈妈天然就了解自己的孩子。孩子只是借由妈妈来到这个世界，他们有自己的思想，有自己的精神世界。

　　因此，你需要具备读懂孩子的"心灵地图"的能力，否则，即便站在孩子面前，你也会感觉孩子与你的心灵距离十分遥远。

　　也许现在的你觉得自己的孩子一身缺点、不听话、学习一塌糊涂，但这不是真相。这只是你眼中的孩子。

　　如果你耐心读完这一章，你会拥有读懂孩子的能力。孩子的"问题行为"将不再是难题，你曾经为之焦虑的问题也不再是问题，在陪伴孩子成长的道路上，你会感到更加轻松。

"别人家的孩子"就在你家

每个孩子都是天才

小时候，父母对我的教育更多的是"补短"，直到现在，依然如此。我从未听到妈妈主动表扬我，她说的永远都是我做得不好的地方。

小时候的我坚信：妈妈不爱我。当然，现在的我明白，妈妈是爱我的，只是她不懂如何正确地表达爱。

很多父母都是这样，过多地关注孩子的不足之处，很少关注孩子做得好的地方，所以没有及时发现自己孩子的天赋和才能。

有一句话是这样说的：每个人都是天才，但如果你用爬树能力来判断一条鱼有多少才干，它会相信自己愚蠢不堪。

20 世纪 80 年代，美国哈佛大学的加德纳博士提出了著名的"多元智能理论"，他指出，一个孩子的能力发展是多元的，每个孩子身上都存在着八种智能，分别是语言智能、数理逻辑智能、空间智能、音乐智能、身体运动智能、自然观察智能、人际智能、内省智能。

每个孩子的优势智能都会有很大差异，比如有些孩子可能语言智能很强，但数理逻辑智能较弱。

孩子的表达能力、写作能力、记忆能力、理解能力等都和语言智能有关；而孩子的计算能力、表达的条理性、抽象思维能力、数据分析能力，以及编程、解决问题的能力等都和数理逻辑智能有关。

而空间智能，就是孩子对空间的感知、理解和想象能力。比如，对空间进行设计、快速适应不同的空间环境、通过图像或图表的方式表达和传达空间信息、解决几何问题的能力等，都与空间智能有关。

音乐智能，就是孩子对音乐和音调的感知和理解能力。比如，演奏乐器、唱歌、作曲、音乐鉴赏、听音辨音、通过音乐表达情感和思想等能力，都与音乐智能有关。

自然观察智能，就是孩子对自然界的观察和理解能力。比如，观察动物、昆虫、花草树木，观察大自然的生态系统、观察自然现象的规律等能力，都与自然观察智能有关。

身体运动智能，就是孩子的身体协调和运动技能。比如，在各种体育活动方面的表现，舞蹈、手工艺品制作等能力，都与身体运动智能有关。

人际智能，就是孩子理解他人、与他人沟通和合作的能力。比如，团队协作能力、共情能力、感知他人情感的能力、领导力等，都和人际智能有关。

内省智能，就是孩子对自身情感、需求、能力和潜能的认识、理解和发展能力。比如，孩子对自己的优势和劣势的了解、对自己兴趣和潜能的了解、做错事后的自我反思、目标和计划的设定、自我激励的能力等，都和内省智能有关。

上述每一项智能都可以成为某个孩子的天赋。这里讲的天赋是与孩子自己的其他多元智能相比，而不是跟其他人的同类智能相比。

空间智能和音乐智能是我家大宝乐乐的相对优势智能，他很小的时候就可以在白纸上构思出非常细密的宇宙飞船空间图，虽然他并不懂得宇宙飞船的内部结构，但是可以凭借想象构建出非常庞大和细密的系统。

学乐理的时候，老师用钢琴同时弹出两三个音符，乐乐能准确地说出每个音符的名称，这是他音乐智能天赋的体现。

而二宝雄雄则和哥哥不一样。雄雄的优势智能是内省智能和运动智能。雄雄不到2岁时，我们就发现，任何让他感受不好的事情，只要经历了一次，不需要大人再告诉他，他就会主动规避。比如吃饭，如果第一勺有点烫，那么下一勺要等很久，他才肯小心翼翼地用舌头轻轻舔一下，试试烫不烫再吃；在哪里摔过，下次路过时他就会特别小心。这些都是他内省智能天赋的体现。雄雄9个月时，就能用双手扒着柜子或书架往上爬，这就是他运动智能天赋的体现。

很多妈妈会羡慕"别人家的孩子"，归根结底是对自己孩子不够了解，看不到自己孩子的天赋智能，总是用别人家孩子的天赋智能来衡量自己的孩子，然后证明自己的孩子愚钝。如果老师也用同样的方式对待这个孩子，可想而知这个孩子的学习和生活将会多么痛苦。

所以，在深度陪伴孩子的过程中，妈妈们一定要用心去发现自己孩子的优势智能。别人家孩子有的能力，可能你家孩子没有；但你家孩子有的能力，可能别人家孩子也没有。想到这些，你便能更容易地放下比较之心。

孩子不是一张白纸

俗话说"三岁看大，七岁看老"，其中有一层隐含的意思是，孩子有自己的天性。

三岁的孩子还未开始社会化，接受后天熏陶的时间也很短，为什么就能够"看大"呢？因为天性不可违，天性是一个人生命里自带的东西。孩子并不是我们所认为的"一张白纸"，不是父母想如何塑造就能如何塑造。

来自一位深度陪伴学员的分享

早些年，听人说孩子是一张白纸，你怎么画，他就长成什么样。

正是这句话，再加上我错误的理解，让我开始按照自己想象中的女孩子的样子养育我的女儿，而我所有的想象却只基于我的成长经历和我看过的书籍。

我希望她穿上粉色公主裙，像小公主一样出门，她却选择穿裤子。

我希望她学习舞蹈，有纤细柔美的身材，她却选择和小伙伴疯跑、攀岩。

我希望她练习钢琴，有一天可以在舞台上表演，她却喜欢坐在小板凳上捏橡皮泥。

我所有的希望都没有在她身上实现。我小时候缺少的东西，她并不会像我一样在乎；我特别喜欢的东西，她一样也不喜欢。她完全没有按照我想象的样子成长。

直到我开始学习和践行深度陪伴，才发现孩子根本就不是一张任我画的白纸，她有自己的天性：她喜欢动手制作，她喜欢侦探推理小说，她喜欢给我出谋划策。而这些都是我没怎么接触过、我不了解的。

以前我不会关注自己不懂的事物，也不大尊重她的选择，我的漠视让她不能成长为真正的自己，导致她有些自卑。自从我开始让她遵从她的天性，不再按照自己的想法和偏好去塑造她、培养她，而是支持她发展自己的兴趣爱好后，她越来越自信，也能够自己规划学习了。

每个孩子都有自己的天性。

有的孩子天性谨慎，察觉到一点危险，就会马上停止行动。如果妈妈不了解孩子的天性，很容易给这样的孩子贴上"胆小"的负面标签。

有的孩子天性活泼好动，喜欢肢体接触，一不注意就碰到了其他人或撞坏了东西。如果妈妈不了解孩子的天性，很容易给这样的孩子贴上"莽撞"的负面标签。

有的孩子天性敏感，特别在意别人的评价，为了获得好的外在评价，做事容易束手束脚。如果妈妈不了解孩子的天性，很容易给这样的孩子贴上"不自信"的负面标签。

如果对孩子多一些深度陪伴，就能尽早了解自己孩子的天性，从而帮助孩子发挥天性中的优点。找到适合自己的位置，孩子会活得更加舒展。

有了这样的认知，再去看待孩子时，无论他呈现的行为是怎样的，你都能更好地接纳，也不会再用统一的标准评判他，而这同样有助于你放下比较之心，带着轻松的心态陪伴孩子长大。

➴ 不起眼的孩子是待开挖的宝藏

有些孩子明明很聪明，可就是不愿意好好学习。

这是因为，每个孩子都有自己独特的学习方式。如果父母无法帮助孩子找到最适合他们的学习方式，孩子虽然如同巨大的宝藏，也会因为缺少打开宝藏的路径而无法发挥真正的价值。

乐乐上幼儿园大班时，老师向我反映，他不敢主动举手回答问题。老师有意给他机会，可是他半天不开口，老师稍微催促一下，他就会急哭。老师认为乐乐胆子小、害羞。

但是我知道，这些特质看似是缺点，背后藏着的是乐乐独特的学习方式。乐乐并不是不知道问题的答案，也不是因为害羞而不敢回答老师的问题，而是因为他学习时需要更多时间进行深度思考，在没有思考到自己满意的深度时，他不会给出答案。

乐乐和我在一起时特别喜欢思考，也特别喜欢提问、发表自己的观点，所以我并不会因为老师的反馈而焦虑，反而会把我眼中乐乐真实的样子告诉老师，让老师更加了解乐乐。

后来，我无意中在网上看到特斯拉创始人埃隆·马斯克接受采访时的视频，在面对主持人的问题时，他通常会沉默，思考 30 ～ 60 秒后，再回答。甚至有好几次，主持人忍不住打断他的深思，问他是不是不知道如何回答，他微笑着说："不是的，我只是需要思考一下，才能给你更完整的回答。"

那一刻，我找到了安慰和共鸣。我把这个视频推荐给了很多父母，他们的孩子也和乐乐一样，被老师贴上了"胆小、害羞，不敢回答问题"的标签。

虽然在学校的课堂上，很少有老师愿意花费 30 ～ 60 秒，等待孩子完成深度思考，让孩子按照自己的节奏给出答案，但是父母能理解这点，并给孩子足够的信心和希望，让孩子知道：自己并不差，自己有适合自己的学习方式，不需要和其他孩子比较。

每个孩子喜欢和擅长的学习方式不同。有的孩子喜欢用听的方式学习，在课堂上无须时刻专注地盯着黑板，也能够把老师教的知识点记住。面对这类孩子，父母和老师就不必强求他上课时一直盯着黑板，更不能给他们贴上"上课不专心"的标签。

有的孩子喜欢在动态的环境中学习，对他们来说，一直坐在座位上学习是一种折磨。在学习过程中让他们站起来动一动，或者上台做一下演示，他们的学习效率反而会更高。

有的孩子喜欢用看的方式学习，让这样的孩子听音频课，他们的学习效果会大打折扣，但如果能结合视频或者线下实体教学，他们的学习效果就会比较好。

如果你总是用某个特定标准来衡量孩子的能力，其实就是在用一种"平均化"和"标准化"的目光去看待你的孩子。也许你的孩子用看的方式学习的能力较差，但他动手学习的能力远高于"平均水平"，看不到这一点，你就会觉得自己的孩子不够优秀。

所以，妈妈们一定要尊重孩子的学习方式，不要用统一的标准要求和评估孩子的学习能力，因为在某方面高于"平均水平"的孩子可能在其他方面很不起眼，他们就像待开挖的宝藏，需要你发现。

➥ 避免"盲人摸象"式养娃

当孩子出现了问题行为，绝大多数妈妈都希望马上得到确定的解决办法。

所以网络上"解决问题式"的短视频很受欢迎。很多朋友也劝我录制这样的视频，吸引父母们的注意力。这听起来是个不错的"自我营销"主意。

但每当我考虑录制时，我的大脑里都会冒出很多声音，比如"这样讲太片面了""这样讲没有覆盖多种可能性""这样讲可能会误导父母"……于是我迟迟无法说服自己做这样的视频，我还是更喜欢向大家普及一些在陪伴孩子过程中出现的各种问题的底层逻辑，让父母们能够有全面的认知。

为什么我会这么"固执"呢？因为我深深知道，同一个问题行为的背后，可能有多种原因，即便我告诉了你其中的 3 种可能性，也无法保证我讲的是全部可能，也许你家孩子行为背后的原因不在我讲的可能性里，那么我就无法帮到你。

这就好比"盲人摸象"，你学到的每一个方法都告诉你问题要这么解决，但每个方法都只是你遇到的问题中的一个可能性，无法反映问题的全貌，更无法让你知道问题的根源。用这些片面的方法去解决问题，你很可能会觉得没有效果，甚至还会误以为孩子的问题太大了，并因此寻求更"强大"的方法来管教孩子，结果导致孩子的问题更加严重，你也更加焦虑。

我有一个学员，她的孩子两年多前被三甲医院诊断为多动症，一直在服用药物。孩子的情况不容乐观，出现了失眠、狂躁等症状，每天的作业也完不成，学习成绩越来越差。老师对孩子的评价很低，导致孩子出现了厌学情绪。

妈妈带孩子去医院复查，医生的诊断结果是孩子的多动症症状更严重了，要加大药物剂量。妈妈看着孩子的情况特别心疼，所以找到了我。

我对孩子做了全面测评和评估，发现孩子上课注意力不集中并不是典型的多动症导致的，而是孩子个性原因导致的。这也就解释了为什么这个孩子用药那么长时间效果却并不好，而他的同学在同一家医院被诊断为多动症，用药效果就很好。

我为这位学员妈妈提了一个大胆的建议，就是停药一段时间，然后用深度陪伴的思路给予孩子更多爱的心理能量和情感支持。

一个月后，孩子的情况好转了很多；又过了三个月，在经历了一个充满爱、温情和自由的寒假后，孩子也有了上学的意愿。妈妈给孩子换了一所学校，孩子适应得很好。妈妈告诉我，孩子长胖了，也长高了，现在每天晚上 9 点之前就能睡着，而且再也没有出现过做不完作业的情况。

如果我们不能用全局的眼光看待养育孩子这件事，就很容易陷入"局部"视角，出现认知偏差或认知不足的情况，进而采用不恰当的方案解决问题，这对孩子来说自然非常不利。

举个例子，如果你问我："我的孩子总是打别的小朋友怎么办？"我不能简单地告诉你，你要耐心跟孩子沟通，告诉他"打人是不对的，你可以用语言去表达，而不是打人"。因为这没有从根源上解决问题，只是"盲人摸象"的做法，有些妈妈用了效果很好，有些妈妈用了却完全无效。

我会告诉你，孩子总打别的小朋友，可能有以下 8 种原因：

1. 有些孩子是在模仿父母对待自己的方式，也有些孩子在模仿动画片或游戏里打人的场景。

2. 有些孩子因为父母的养育模式不对，缺乏存在感和掌控感，所以会欺负其他小朋友。

3. 有些孩子是为了吸引父母的注意，想要寻求关注，才欺负别的小朋友。

4. 有些孩子是因为小时候父母和自己肌肤接触太少，产生了"皮肤饥饿"。"皮肤饥饿"的孩子长大后可能会出现两种极端的情况：一种是特别"黏人"，渴望与人接触和亲近；另一种是通过打架等方式与别人建立情感的联系与纽带。

5. 有些孩子打人是为了表达亲近。

6. 有些孩子是因为自己的玩具经常被人抢，变得非常敏感，负面情绪积压多了就开始爆发，只要有小朋友稍微触碰他的玩具，他就会用打人的方式捍卫自己的权益。

7. 有些孩子是因为自己的玩具被小朋友弄坏了，很生气，用打人的方式发泄愤怒。

8. 有些孩子的动作快于语言，所以父母需要帮助孩子养成用语言表达内心的习惯。

作为自己家庭深度陪伴 CEO 的妈妈们，一定要成为最了解孩子的那个人，也一定要成为最懂得孩子需求的那个人，这样，遇到任何育儿问题都不会慌，更不会走进"盲人摸象"的养育误区。

所以，希望更多的妈妈能够花时间深度陪伴自己的孩子。想要解决养育过程中的问题，有两个因素缺一不可，一个是专业系统的养育方法，另一个是对自己孩子的了解。只有这两个因素都具备，孩子的问题才能得到快速有效的解决。

不给孩子最好的，而是给他最需要的

⊖ 帮太多，反而帮倒忙

孩子做不好事、没有能力生存，不是他不想做好。试问孩子的父母：

你给过他机会去锻炼吗？

你给过他时间去成长吗？

你信任过他，让他按照自己的方式尝试吗？

—— 给孩子爱，而不是溺爱 ——

很多妈妈，在孩子小时候，什么都不让孩子做。

要么是嫌孩子做得慢，没耐心等；要么觉得让孩子做事太浪费时间，不如自己做，孩子只需要专心学习；要么觉得孩子太小，不舍得让孩子吃苦（对，很多大人把让孩子自己做事理解为让孩子吃苦，甚至让孩子帮忙拎个菜都不舍得）。

我带乐乐在早餐店吃早餐时，经常看到很多带孩子吃早餐的家长一直忙前忙后，帮孩子拿筷子勺子，问孩子烫不烫、要不要纸巾，甚至给孩子喂饭。而孩子就坐在座位上，什么都不用做，张嘴就好。总之，很多家长的态度都是

"你坐着不要动，让我来服侍你"。

而我，每次都让乐乐帮我拿筷子、勺子和纸巾。如果等了半天，早餐还没端上来，乐乐会自己去问老板，吃完饭乐乐也会主动问老板该付多少钱。

有些父母总担心自己的孩子长大后吃不好、穿不暖，恨不得把自己的一切都给孩子，甚至想为孩子赚够下辈子都花不完的钱，让孩子衣食无忧。

也有一些父母从来不担心孩子的生存问题，认为那是孩子需要自己思考的问题，甚至因为担心助长孩子坐吃山空的心态而不把遗产留给孩子。

全球闻名的 DFS 奢侈品免税店拥有者查克·费尼有 5 个子女，在假期时，他们都得去宾馆、饭店和超市打工。女儿贝利十几岁时，有段时间打了不少长途电话。父亲发现长长的话费账单后，立刻切断了电话线，并在家中贴出了一张市区地图，标出了附近的公用电话位置。

费尼把几乎所有财产都用于成立大西洋慈善基金会，留给自己的钱不到200 万美元，没有给子女留下一分一毫。

他的子女会记恨他吗？

并不会，子女们很赞成父亲的做法，他们说："这让我们与普通人无异。"

大西洋慈善基金会理事会的记录中留下了费尼的一段话："我认为，除非富人们用财富来做有意义的事，否则就是在无形中给未来的一代制造了麻烦。"

— 没有界限感，你认为的好，孩子不会领情 —

还有一些妈妈在与孩子相处时，认为自己出于好心为孩子做的事，孩子却不领情，就很愤怒。

来自一位深度陪伴学员的分享

吃晚饭时，我给小女儿夹了一点菜，顺便也给大女儿夹了一些。大女儿不想吃，很不高兴（大女儿已经上小学 5 年级，正处于青春期前期，很敏感，脾气很大）。

我问："怎么啦？"

大女儿说："我不想要，你没等我说完就把菜夹给我了。"

我赶紧向大女儿道歉："对不起，妈妈没有注意到，妈妈只是想到给妹妹夹了，也给你夹一点，妈妈下次会注意。"

大女儿理解了我，很快就没事了。

如果是以前，我看不到大女儿的需求，哪怕我知道应该尊重她，也做不到，我可能会说："虽然妈妈没有经过你允许给你夹了菜，但是妈妈也是好意，你不高兴，那以后妈妈就只给妹妹夹菜。"我会生她的气。

现在我能做到尊重她，是因为我懂得了界限感很重要，我认为"对孩子好"，如果孩子不需要，我就不会再坚持。

你认为你给了孩子最好的，孩子却不领情时，要去觉察，是不是缺少了"界限感"？把界限感的功课补上，才能给予孩子他／她真正需要的爱。

— 不要为孩子的问题负责 —

有些妈妈认为，在孩子不开心时让孩子开心起来是妈妈的责任，完全不考虑出现的问题应该由谁负责，总是习惯性地替孩子负责或帮孩子找外部原因。

有一次，乐乐和一个小朋友一起玩，道别时，乐乐说：“妈妈，我要回去看书。”

小朋友的妈妈对小朋友说：“你看乐乐多爱看书，你也要回去多看书哦。”

小朋友噘着嘴不服气地说：“妈妈，你今天忘记提醒我把书带到学校和同学交换，我的书都看了好多天了，还没换新的呢。”

妈妈赶紧向孩子道歉：“对不起，是妈妈忘记提醒你了，是妈妈的错。”

乐乐听了对我说：“妈妈，换书是他自己的事情，为什么要妈妈提醒呢？是他自己忘记带书了，根本不关他妈妈的事。”

这位妈妈看到孩子不开心，就赶紧站出来为孩子发现的问题负责，以此来安抚孩子。其实，换书是孩子自己的事情，“忘记了”也是孩子自己的事情，妈妈不必为此负责。

孩子自己的问题，妈妈不需要负责，而应该给孩子为自己负责的机会，这样孩子才能成长起来。让孩子学会为自己的事情负责，才是真正为孩子好。

教育家马卡连柯说过：“一切都让给孩子，为了他牺牲一切，甚至牺牲自己的幸福。这是父母送给孩子的最可怕的礼物。”

你是不是这样的父母？溺爱着孩子，不给他机会做自己可以做的事情？

如果是，那么从今天开始，尝试多放手让孩子自己解决问题，允许孩子经历困难和挑战，让孩子承担自己应该承担的责任。这才是孩子真正需要的爱。

110

⊖ 越无理取闹的孩子，越缺爱

我有一位学员，她的孩子爱发脾气，经常无理取闹，缺乏安全感和同理心。她觉得孩子是故意和自己作对，故意让自己不开心，所以经常忍不住对孩子大吼大叫。可每当平静下来，看到孩子可怜的样子，她又会陷入深深的自责。她跟我分享了一件事。

来自一位深度陪伴学员的分享

某个周六晚上，我让姥姥带儿子去洗漱，我则去哄女儿睡觉。姥姥帮儿子刷牙时，不小心弄湿了他的衣领，他便朝姥姥大吼，气呼呼地跑回自己房间要求换上衣，其实衣服只湿了很小的一块，没必要换。他开始哭闹、大吵。姥姥很生气，批评他不懂事。我听到后也从女儿房间出来，拉住他，让他向姥姥道歉，并生气地批评他"不礼貌"，但他重重地关上了门，我更生气了，抓住他理论。

我当时的想法是："不可以对长辈不礼貌，姥姥和妈妈辛苦了一天，你为什么这么不懂事？你不仅不体谅大人的辛苦，还为芝麻大点的小事无理取闹、大吵大闹，有话为什么不能好好说？再说了，做错事必须道歉，你却从没认真对待过自己的错误。"我越想越生气，控制不住地逼他向姥姥道歉。

在学习之后，这位妈妈意识到，孩子之所以会出现哭闹、大吵的行为，其实是因为他的感受没有得到认同和接纳。有了这样的觉察和反思，妈妈改变了以前先指责的行为模式，而是先关注孩子的感受。她惊喜地发现，孩子

||||

变得越来越体贴妈妈、越来越懂事了，和之前那个无理取闹的孩子简直有天壤之别。

这就是我经常讲的，孩子的一切不当行为都是在呼唤爱。

那些故意和父母作对的孩子、无理取闹的孩子，都是渴望爱而得不到爱的孩子。

妈妈看到了孩子内心的情感需求，孩子得到了爱，自然变回了讲道理的孩子。

正确地爱孩子，孩子才能拥有幸福。

◔ "尊重" 的误区

在养育孩子这件事情上，很多妈妈会人云亦云，进入养育误区。

比如有的妈妈听说要 "接纳孩子"，在孩子不想做某事时 "尊重孩子"，任由孩子不做。这样的后果是没有看到孩子行为背后的原因，错过了帮助孩子发展自信心和更多能力的机会。

以上兴趣班这件事为例，妈妈为孩子选择的兴趣班，孩子不想上了，该怎么办呢？

有些妈妈会说："那当然要尊重孩子呀，孩子不想上，就允许他不上，然后再问他想学什么，给他换一个他想上的。强迫孩子学习，只会磨灭孩子对学习的兴趣。"

也有一些妈妈说："我们家孩子之前学钢琴，学着学着就不想学了，但是我觉得做事情要有始有终，所以就要求他学下去，现在我们家孩子学得也挺好，对钢琴也挺有兴趣的。所以我觉得不能完全听孩子的，我们大人比孩子更有判断力，要替孩子把关。"

其实，这两种育儿理念都不正确，都是常见的育儿误区。

为什么说它们都是误区？因为我们只看到了孩子表面的行为，而没有结合自家孩子的天赋、性格特质和学习风格分析孩子行为背后的原因。

只有找到了孩子行为背后的原因，才能找到正确的解决方案，否则就是人云亦云，是对育儿理念的断章取义。

乐乐上幼儿园时，我给他报了一个篮球培训课，他所在班的孩子们运动能力都比较强，还比他学得早，基础比他好。

虽然教练偶尔会单独教他，但乐乐还是跟不上其他同学的进度，他越学越挫败，教练指出他动作不到位时，他的自尊心很受伤。最后乐乐跟我说："妈妈，我不喜欢篮球，我不想学了。"

虽然他口头上说不喜欢篮球，不想上篮球课，但作为妈妈的我，很清楚地知道他喜欢篮球。他正在经受挫败感，需要的是我的支持，而不是我同意他放弃学习篮球。

虽然没能给他找到更合适的老师，但我还是选择了退课，然后自己教他。因为我懂他，我可以用最符合他特质的方法恢复他的自信心，同时帮助他意识到：只要不断练习，就会有所进步；只要每天进步一点点，就能不断向目标迈进。

起初乐乐只能单手连续拍球6下，我给他设定了一个又一个小目标，先拍到7下，再到8下，再到9下……我耐心地陪他练球，陪他实现一个个小目标，帮助他看到自己的进步和能力的提升。

在很短的时间内，他就能单手连续拍球 50 下以上了。他对篮球的兴趣更浓了，学习篮球的信心也更足了。同时，在动作练不好的时候，他也学会了分拆目标，允许自己多花一些时间练习。因为他相信，只要自己再多练习一些时间，就会有进步。

很幸运的是，我最终给乐乐找到了能照顾他自尊心、悉心关注他、经常鼓励他的教练，乐乐的进步更大了。虽然后来因为种种原因他没能继续学下去，但是他对篮球的喜欢一直都在。

如果我只是盲目地接纳他当时的感受，尊重他当时的选择，而没有看到他行为背后的真正需求，可能他就失去了突破自己、增强自信的机会，失去了对篮球的爱，不会将篮球作为自己生活的一部分。

允许和尊重是建立在妈妈懂孩子的基础上的，不懂孩子的允许和尊重只会流于表面，实际上是在支持孩子放弃努力。

不要带着"补偿心理"去爱孩子

很多父母在陪伴孩子方面是这么做的：给孩子最好的物质条件，买很贵的衣服、玩具、食物；带孩子参加最热闹的活动，去豪华室内游乐园、童话王国；带孩子参加最受欢迎的课外培训班，如舞蹈课、钢琴课、英语课……

这些做法背后有一个共同的逻辑，那就是把自己曾经缺少的、曾经渴望拥有的，全部让自己的孩子拥有，这反映了一种**补偿心理**[1]。

可是这些，真的是孩子需要的吗？孩子真正想要的陪伴又是什么样的呢？

— **吃的回忆** —

我爷爷已经去世 20 多年了，但是每每回想起小时候在爷爷奶奶家的生活，每一个场景、每一个细节都历历在目。

爷爷生活在农村，小时候的我大部分周末和所有的寒暑假都是在爷爷家度过的。

一天，爷爷带我沿着门前稻田中的泥泞小路，走到了一块绿油油的田地里。

爷爷对我说："你猜，爷爷给你种了什么？"

我还在猜想这绿油油的一片是什么的时候，爷爷用手指轻轻地翻开了绿油油的叶子，一颗鲜红的草莓露了出来。

哇，草莓！

这一大片绿油油的田地竟然种的都是草莓！

那种惊喜感，现在回忆起来，还是如此清晰。

---

[1] 个体心理学创始人阿尔弗雷德·阿德勒提出了"补偿心理"这个概念，指的是个体试图弥补自己在某些方面的不足，从而提高自尊和自信。当父母回顾自己童年的遗憾时，他们可能会产生补偿心理，希望通过为孩子提供更好的机会和环境来弥补自己的不足。

而我现在基本上不买草莓了，害怕再也找不回童年的味道。

著名心理学家马斯洛提出的"马斯洛需求层次理论"说，人类最底层的需求就是吃喝拉撒睡等最原始的生理需求。

对孩子来说，除了在婴儿期时爸爸妈妈能够及时回应自己的一切需求，童年时妈妈做的饭菜的香气，早已成了孩子最底层的需求的一部分，味觉记忆也是人类最久远的记忆之一。

我是一个喜欢做饭但没时间做饭的妈妈，只有在逢年过节时才有时间给乐乐做一些他喜欢的漂亮又美味的食物。我有几样拿手好菜是我们家乐乐爱吃，而且在外面吃不到的。

我希望乐乐长大后，还能清晰地回忆起妈妈做的饭菜的味道，就像我怀念爷爷给我种的草莓的味道。

— 大自然的回忆 —

每当计划周末要给乐乐和雄雄怎样的陪伴时，我都会尝试回想自己童年时最开心快乐的事。我发现，让我最开心快乐的事大部分都和大自然有关。

记得在爷爷房子背后的竹林里，我把一张小板凳用绳子绑在两根粗壮的竹子上当秋千荡，结果一头栽了下来。

我记得跟着一位小姐姐摘一种红色的甜甜的野生红莓吃。

我记得在爷爷家附近的一个小水坑里玩时，踩到了一条小鱼，我把它抓起来，兴奋地捧着它狂奔回家，把它养在盆里。

……

116

我完全想不起来，爷爷的房子有多么破旧；我也完全想不起来，农村的生活是多么艰辛。

就连帮爷爷把晒干的玉米剥成小粒，都是一种乐趣。

孩子不在乎住的房子有多大、多漂亮，穿的衣服有多美，他所有幸福的回忆并非来自物质，而是来自和人、和自然有关的乐趣。

— 妈妈的温度 —

小时候，我的父母为了避免我和年龄相差不大的弟弟打架，把我送到了农村的爷爷奶奶家，我跟着爷爷奶奶一起长大，直到上学后才回到父母家。因此，小时候的我总觉得父母不爱我，而更爱弟弟。

但是，当我仔细去回忆童年的时光时，在记忆深处小小的角落里，还是能感受到妈妈的温度。

小时候的我体弱多病，在我的记忆中，每次生病，妈妈都会陪在我的身边，不时用她厚大的手掌摸摸我的额头，试试发烧的温度，再给我煮一碗四川特色的酸辣面，吃得我满头大汗。然后她会用被子帮我捂汗，我很快就好了。夏天的时候，我喜欢抱着妈妈的胳膊，觉得很凉快，那也是妈妈的温度。

我家二宝雄雄断奶后，白天由阿姨带，晚上一定由我哄睡和陪睡。因为我希望雄雄在睡梦中也能够感受到妈妈的温度。现在雄雄快3岁了，虽然客观上看，阿姨白天陪雄雄的时间更长，但正因为我从来没有缺席过任何一个陪他入睡的夜晚，所以雄雄的安全依恋对象始终是我，而不是阿姨。这也是深度陪伴的价值。

如果你在陪伴孩子这件事情上感到迷茫，可以尝试回想，你现在最怀念的童年时光和什么有关。你会发现，你所怀念的东西，正是你现在可以给予孩子的；而你曾经认为你的童年缺失的东西，却未必是你的孩子最需要的。

越懂孩子的需求，妈妈能量越高

⬤ 读懂孕期胎儿的需要

2020 年底，我没打无痛，顺产生下二宝雄雄，乐爸说我的状态比生大宝乐乐时的状态还好，我自己也有同感。

要知道，生二宝雄雄时，大宝乐乐已经 8 岁多了，我已经成了高危高龄产妇。按理说，我的身体已不如生乐乐时那么年轻，为什么状态反而更好呢？

这是因为，我非常清晰地知道，我短时间内无法改变身体条件的局限，要想顺利地生下健康的二宝，必须去抓住我在孕期可以改变，并且有助于我生产目标的重要因素。

我抓住了哪些重要因素呢？

排在第一位的是我的情绪。

怀孕期间，妈妈的情绪会直接影响宝宝的大脑发育，并影响孩子未来的行为和自我情绪管理能力。

英国爱丁堡大学的一项研究表明，孕期妈妈的压力激素水平和孩子的大脑杏仁核发育息息相关，而杏仁核对一个人童年时期的情绪和社交发展至关重要。

研究过程中，实验人员提取了 78 位孕期妈妈的头发样品，用以检测孕期头三个月妈妈们的皮质醇情况。皮质醇代表了一个人的压力激素水平。随后实验人员会在胎儿睡眠状态下用核磁共振仪器或 MRI 无创扫描仪器扫描胎儿的大脑。

研究者们发现，孕期妈妈头发中的皮质醇含量和妈妈肚子里胎儿的大脑杏仁核以及大脑神经元连接的结构变化相关。这也解释了为什么孕期压力大的妈妈生下来的孩子在成长过程中更可能情绪化。

所以，我在怀二宝雄雄时，始终把关注自己的情绪放在第一位。

有一天早上醒来，我的肚子饿得咕咕叫。正常情况下，乐爸会在我起床前把早餐买好放在餐桌上，我一起来就能吃早饭。

可是那天不知道是什么原因，乐爸忘记了给我买早餐。

这是一件让人特别生气的事。可我仍然选择了把"情绪稳定"放在第一位。与生气相比，腹中宝宝的大脑杏仁核的发育更加重要。所以我只是对乐爸说了一句"肚子好饿"，就自己出门买早餐去了，也没有问乐爸为什么没有买早餐。既然不打算为这样的事情生气，它的原因对我来说就不重要了。

当然，之后乐爸再也没有忘记过给我买早餐。

这并不是因为我的心胸多么豁达，而是因为我深知自己的情绪对胎儿大脑发育的重要性，深知做好孕期情绪管理，未来养育孩子会轻松很多，所以我时刻提醒自己，对错不重要，不要"捡了芝麻丢了西瓜"。

排在第二位的是我的睡眠。

孕期妈妈的气血状态，会直接影响宝宝出生后的体质状态。所以我把关注自己的睡眠放在第二位，睡眠充足了，身体的气血才会好。而且，妈妈在孕期养成早睡的作息，宝宝的作息会更健康，出生后也更好养育。

我先天气血不足，很容易累，需要更多的睡眠。平时工作时，我很容易因为太投入而处在"自我压榨"的状态中，很少有充足的睡眠。我在怀二宝雄雄期间，下午会睡 2 ~ 3 小时，晚上从 8 点左右睡到第二天早上 6 点多。每天睡 12 ~ 14 小时，整个孕期下来，身体的气血状态改善了很多。这也是为什么乐爸说，我生二宝雄雄后的状态比生老大乐乐时还要好。

排在第三位的是运动。

我们都知道，孕期需要每天适当运动，但是医生一般会建议孕妇多散步，不建议做负重或剧烈运动。为了安全起见，拎重物、慢跑基本都是被禁止的。

怀大宝乐乐的时候，我严格遵守医嘱。但怀二宝雄雄时，我决定每天早晨慢跑，直到身体不能承受为止，因为我不喜欢身体发沉的感觉，运动可以让我保持轻盈，让我心情更好。

就这样，我一直坚持晨跑，到孕 35 周后才改为散步。我整个孕期都没感觉到身体臃肿，心情也很好。这对我生产后快速恢复也起到了很重要的作用。

排在第四位的是饮食。

如果没有好的情绪、好的睡眠、有益身体的运动，孕期吃得再丰富，也很难转化成给胎儿的营养，所以我把关注自己的饮食排在了第四位。

对孕期的饮食，我结合医生的建议和自己的体质来安排，毕竟自己最了解自己。比如，我体质较寒，吃生冷的水果会不舒服，所以会把水果热一下再吃；我从小就不太习惯牛奶的味道，喝完身体也不舒服，所以我就不会强迫自己按医生的建议喝牛奶补充营养，而是选择我喜欢的豆浆。我觉得让自己吃得舒心、开心，也是很重要的。

孕期我的口味变得特别挑剔，平时可以下咽的饭菜，孕期吃来就没有胃口。虽然公婆很愿意照顾我，做菜也很用心，但毕竟我们饮食习惯不一样，他们做出来的饭菜没有那么符合我的口味。整个孕期，我都坚持自己买菜、做菜，我只想吃小时候妈妈做的饭菜的味道。

这也带给我一个觉察：妈妈对孩子深远的影响，并不在孩子顺风顺水之时，而是在孩子遇到困难挫折时。此时人会本能地渴求"妈妈的味道""妈妈的温暖""妈妈的感觉"，因为妈妈就代表着熟悉和安全。

⊖ 读懂 0 ~ 1 岁的孩子

美国著名发展心理学家埃里克森提出的人格的社会心理发展理论，把人的心理发展划分为八个阶段，被称为"埃里克森心理发展八阶段"。其中包括童年期的四个阶段、青春期的一个阶段和成年期的三个阶段。

该理论认为，每个阶段都有一个需要解决的矛盾，只有矛盾得到解决，才会为下一个阶段奠定良好的基础，这也是孩子人格健康发展的前提。

第一个阶段是婴儿期（0 ~ 1.5 岁）。在该阶段，要解决的矛盾是"基本信任和不信任的心理冲突"。

当孩子哭或饿时，父母是否出现是建立孩子信任感的重要因素。信任在人格中形成了"希望"这一品质，它起着增强自我力量的作用。具有信任感的孩子敢于希望，富于理想，具有强烈的未来定向；反之，缺少信任感的孩子则不敢希望，时时担忧自己的需要得不到满足。

对 1 岁之前的孩子来说，建立信任感最主要的方式就是父母能及时回应和满足孩子的需求。

孩子哭了，要及时回应和安抚；孩子饿了，要及时喂奶；孩子大小便了，要及时更换尿不湿；孩子困了，要及时哄孩子入睡。

而对这个年龄的孩子来说，最能起到安抚作用的分别是妈妈温暖的怀抱、妈妈安抚的声音，以及模拟妈妈子宫内环境的声音。

─ 妈妈温暖的怀抱 ─

我还记得雄雄出生的那个凌晨。

雄雄出生后，护士把他清洗干净，进行各种检查后塞进我的怀里，让他的皮肤和我的皮肤亲密接触。除了偶尔传来的宝宝的哭声，凌晨的医院非常寂静。雄雄趴在我的胸前安心地睡着了，我双手托着他，一动不敢动，生怕动一下就会伤到或吓到这个可爱的小人儿。

从那以后，直到现在（雄雄快3岁了），任何时候雄雄伤心了、难过了，只要我把他抱起来，用脸贴着他的小脸颊，他就能很快平静下来。

乐乐小时候也是这样，唯一的区别是乐乐出生时因为羊水污染被下了病危通知书，出生后就被送入了重症监护室，一周多后才回到我的怀抱。这段经历让他安全感不足，更加需要妈妈的怀抱。

所以，在满月前，乐乐像一只小树熊一样，几乎24小时黏在我身上，睡一会儿就会睁眼看看妈妈在不在，甚至晚上也要我抱着他睡。那段时间我真的很辛苦。

但我仍然会无条件满足他对妈妈怀抱的需求，以慢慢修复他的安全感。现在，乐乐已经是小学5年级的学生了，他成了一个安全感满满的孩子，早就不再像小时候那样黏着我，但是遇到特别难过和伤心的事情，妈妈的怀抱对他仍然具有极大的安抚和疗愈作用。

所以，在孩子 1 岁之前，不要担心多抱会让孩子养成依赖心理。妈妈的怀抱是孩子的安全感之源，每一次拥抱都是你给孩子建立安全感的过程。

— 妈妈安抚的声音 —

胎儿在妈妈肚子里，每天听到最多的就是妈妈的声音。

所以，出生后，妈妈的声音对宝宝来说意味着熟悉和安全。宝宝哭闹的时候、从睡梦中惊醒的时候、做噩梦被吓住的时候……只要妈妈的声音出现，宝宝就能感受到极大的安抚。

乐乐 5 个多月时，有天晚上我去客厅喝水，让乐爸照看睡着的乐乐，我告诉乐爸，如果乐乐有动静就轻轻拍拍他。

水才喝到一半，就听到乐乐大哭的声音，我火速冲进卧室，看到乐乐已经醒了，哭得非常伤心。乐爸说，我离开后，乐乐很快就闭着眼睛动来动去，乐爸轻轻拍他，乐乐还是不能安静下来，乐爸学着我平时安慰半梦半醒的乐乐的方式，对着乐乐的耳朵轻声说了句话，然后乐乐彻底醒了，大哭。

乐爸对乐乐说了什么呢？

他说的是："妈妈在。"

听完乐爸的描述，我忍不住发出了一阵大笑。

1 岁以下的小宝宝，安全感才刚刚建立，妈妈的声音对他们来说具有特别的安抚力，换成爸爸，即便照搬妈妈的原话，效果也会大打折扣。更何况，说话的明明是爸爸，还要"偷梁换柱"说自己是"妈妈"，乐乐怎么肯依呢？

婴儿时期的雄雄也一样，当他因妈妈离开而哭闹，我只要远远地喊一句："妈妈在""妈妈马上回来"，他就会立即平静下来，因为对他来说，妈妈在，就意味着安全。

— 模拟妈妈子宫内环境的声音 —

心理学有一个对 6 个月以下婴儿状态的描述，叫作"共生期"。也就是说，6 个月以下的婴儿感觉自己和妈妈是一体的，自己就是妈妈，妈妈就是自己。这个阶段其实是婴儿在妈妈子宫里的状态的延续。

所以，在这个阶段，模拟妈妈子宫内环境的声音，会带给婴儿极大的安全感，让他们迅速平静下来。

在妈妈子宫里，宝宝会听到妈妈心跳的声音、血液在血管中流动的声音、妈妈呼吸的声音，这些声音的组合，就是宝宝在妈妈子宫里熟悉的声音。

而研究表明，生活中有很多声音可以用来模拟妈妈子宫内环境的声音，最常见的就是吹风机或吸尘器的声音。

所以，我会在手机上下载专门播放各种白噪声的 App，然后在里面选择吹风机和吸尘器的声音。每当雄雄闹觉时，我就会把其中一种声音打开，奇妙的是，每次不用 5 秒，雄雄就会迅速停止哭闹，平静下来，很快进入梦乡。

用模拟妈妈子宫内环境声音的方法来安抚闹觉的雄雄，这个方法我一直用到了雄雄 9 个多月大。

随着"共生期"的结束，这种方式的安抚效果慢慢消失了。

1 岁前新生儿的妈妈只要掌握以上三点，养育孩子就非常轻松。

不要认为 0 ~ 1 岁的婴儿是不懂事的小生命，"只要吃饱不哭就行"，这

是大错特错的。在心理层面上，孩子在这一阶段不断经历着基本信任和不信任的心理冲突。孩子最终能否形成稳定的信任感，取决于该阶段父母的深度陪伴质量。

◯ 读懂 1 ~ 3 岁的孩子

1 ~ 3 岁的孩子可以分为两个阶段。

第一个阶段：1 ~ 1.5 岁

在这个阶段，妈妈要像对待 0 ~ 1 岁阶段的孩子一样，继续及时回应和满足孩子的需求，帮助孩子形成稳定的信任感。

第二个阶段：1.5 ~ 3 岁

"埃里克森心理发展八阶段"的第二个阶段就是 1.5 ~ 3 岁。这个阶段要解决的主要矛盾是"自主以及羞耻和怀疑之间的矛盾"。

这个阶段的孩子刚刚产生自主感，需要多支持他们自己做决策，多让他们自己动手做事，帮助他们建立自主感和自我控制能力。而帮助他们建立自主感的最好方式就是**让他们做决策**。

（1）不要限制孩子的活动范围

很多妈妈因为担心孩子的安全而限制孩子的活动范围。比如，妈妈们会买很大的围栏把孩子围在里面，让孩子只能在被围起来的空间里玩耍；在家不准孩子爬凳子椅子，在外不准孩子爬楼梯、台阶等。

这些都会破坏孩子的自主感。正确的做法是，不限制孩子的活动范围，如果担心孩子的安全，大人可以在旁边给孩子提供保护，或者在地上铺厚厚的软垫。

（2）允许孩子说"不"

孩子 2 岁左右喜欢说"不"，对什么都回应"不要"，好像说出这个词就能带给他们极大的乐趣一样。

其实是因为，2 岁左右时，孩子的自我意识会进入第一个发展高峰期，这也是孩子从完全依赖父母到慢慢发展独立能力的第一个里程碑。之前，在孩子的眼里，父母是绝对的权威，而现在，孩子要测试自己的力量，测试"我是否可以自己选择我想做的事情"。

允许孩子说"不"，就意味着父母愿意尊重孩子是一个独立的个体。而且这个阶段的孩子，即便嘴里说着"不"，也不代表他们就一定不想做。我们家二宝雄雄在这个年龄时，每天 10 句话里有 9 句都是"不要"，但我在他说"不要喝奶"时，顺着他的话回应"没事，妈妈把奶瓶放在这里，你想喝再喝"，他下一秒就拿起奶瓶"咕咚咕咚"一鼓作气地喝完了。

（3）尽可能多地让孩子自己做选择

千万不要因为觉得孩子小、能力不足、做事情慢、会搞得一团糟，就直接代替孩子去做事。相反，父母要尽可能多地让孩子自己做选择。

让孩子自己决定要不要吃饭、吃什么；让孩子自己决定穿哪件衣服；让孩子自己决定今天出门带什么玩具、去哪里玩……

如果父母能够顺应孩子的身心发展需求，尊重孩子在这个年龄段的需要，那么孩子就可以顺利度过该阶段，孩子的自主感、自我意识也能够得到很好的发展，为他成长为一个有主见、有责任心、有决策能力的成熟个体打下坚实的基础。

如果父母不愿意给孩子选择权，也不愿意让孩子按照自己的意志去行动，那么孩子将会变成父母的精神附庸和延伸，长大后将没有能力为自己的行为负责，也无法形成独立思考和决策的能力。

千万不要认为孩子小，就对孩子采取简单粗暴的强制措施，这样只会不断压制孩子的自我意识，削弱孩子的力量，让孩子变得越来越依赖你，无法真正成长为一个独立的人。

如果孩子能够顺利度过这个阶段，就可以产生自主感和自我控制能力，相反，无法顺利度过这个阶段的孩子，容易产生羞耻和怀疑感。

⊖ 读懂 3 ~ 6 岁的孩子

对 3 ~ 6 岁的孩子来说，最重要的是两件事。

第一，在规则范围内给孩子最大限度的自由。

"埃里克森心理发展八阶段"的第三个阶段是 3 ~ 5 岁。这个阶段要解决的主要矛盾是"主动性和内疚感之间的矛盾"。

该阶段的孩子需要在环境规则的约束下坚持自己对事情的控制和力量感。你需要让这一阶段的孩子知道哪些事情可以做，哪些事情不可以做，让孩子熟悉他们所处环境的规则；在此基础上，无论孩子想做什么，都尽可能地给予鼓励，最大程度保护他们的主动性。如果被成人讥笑自己的独创行为和想象力，孩子会逐渐失去自信心，更倾向于生活在别人为他们安排好的狭窄圈子里，缺乏自己开创幸福生活的主动性。

在孩子 3 ~ 5 岁时，培养孩子主动性的最好方式就是"**在规则范围内给孩子最大限度的自由**"。

这个阶段的孩子大多已进入幼儿园，生活环境变得多元和复杂，不可控因素增多。很多事情不可能完全按照孩子的意愿来。通过幼儿园这样一个初级的社会环境，我们可以帮助孩子建立规则意识。

孩子会慢慢知道，在社会化的环境里，不是所有事情都能被允许。有些事情会影响到其他人，所以不能做；有些事情是环境规则不允许的，也不能做。

比如，在幼儿园，孩子在午睡时间睡不着，虽然老师允许孩子不睡觉，却不允许孩子蹦蹦跳跳、大吵大闹，影响其他孩子。

如果孩子能够顺利度过这个阶段，就能够发展出主动性，未来会成为一个有责任感、有创造力的人；相反，如果在这一阶段没能适应环境规则约束，无法得到环境和他人的允许，孩子就会发展出内疚感，无法为自己的人生负责。

第二，孩子的兴趣启蒙。

孩子 3 ~ 6 岁的阶段，又被称为学龄前阶段。在该阶段，孩子的主要任务还不是学习。

孩子在幼儿园的主要任务是为小学的学习打好基础，其中很重要的一点就是各项兴趣的启蒙。

很多妈妈把"兴趣启蒙"和"学习"混为一谈，认为"兴趣启蒙"就是"学习"，给这个年龄的孩子报兴趣班并过于追求"学习"的结果，导致孩子一遇到困难就容易放弃或转移兴趣。有的家长甚至提前给该年龄段的孩子做识字和数学训练，这些做法都是不可取的。

3～6 岁，正是孩子对生活中各种事物充满好奇和兴趣的黄金时期。你可以抓住这个时期，围绕前面讲过的"八大多元智能"，鼓励孩子积极主动地探索外部世界，而不要太看重结果。

比如，孩子想学钢琴，你可以带孩子上一次体验课，满足孩子的好奇心；如果孩子上完体验课还想学习，那就再报一些课时，让孩子的兴趣得以保持和延续，在这个过程中不断鼓励孩子，支持他的兴趣发展。至于孩子最后是否有足够的天赋把钢琴作为专业方向发展，或者能否考取证书，其实都不重要。最重要的是，在这个过程中，孩子的兴趣得到了支持和鼓励，孩子的学习积极性没有受到打压，这会给孩子上小学后的自主学习习惯打下坚实的基础。

⬤ 读懂 6～12 岁的孩子

"埃里克森心理发展八阶段"的第四个阶段是 5～11 岁。这个阶段要解决的主要矛盾是"勤奋与自卑之间的矛盾"。

这个阶段的孩子有了各种社交和学习的需求，在社交和学习的过程中取得的成绩和能力会带给孩子自豪感。所以，对这个阶段的孩子，要多鼓励和表扬，让他们知道自己可以做好，对自己的能力产生信心；如果你很少给予孩子鼓励和表扬，孩子可能会对自己的能力产生怀疑，不相信自己可以把事情做好，也不相信自己能取得成功。

— 6~12 岁孩子的社交 —

在孩子的社交需求方面，妈妈要重点关注以下两点。

（1）防止校园霸凌

孩子在学校社交时遇到了哪些困难和障碍？如果父母不对此保持敏感，很可能无法在孩子需要时给出及时的支持。

有时候可能是同学之间的肢体玩笑，开玩笑的同学自己觉得没什么，但是你的孩子感觉自己受到了攻击和冒犯；有时候可能是孩子的运动能力比较欠缺，在体育课上的表现被同学嘲笑，导致孩子不自信；有时候可能是同学给孩子取了外号，孩子感觉受到了嘲弄，非常生气。

不要小看这些社交冲突，它们轻则让孩子不舒服，重则让孩子的心灵受到伤害，或者觉得自己不被班级群体接纳，产生厌学情绪。

所以一定要特别留意孩子的社交及情绪状态，在孩子需要时，给予孩子足够的支持，避免校园霸凌发生。

（2）确保孩子身边至少有一位"天使同学"

上小学后，孩子们会慢慢形成以同性为主的小圈子，三年级之后，每个孩子基本上都会拥有和自己契合的、稳定的好友圈子。如果孩子无法融入某个圈子，很容易产生不被群体接纳的孤独感。所以一定要确保孩子身边至少有一位"天使同学"。这位"天使同学"会对孩子特别友好，他们可以相互分享快乐、悲伤和小秘密，避免孩子产生不被群体接纳的孤独感。

— 6 ~ 12 岁孩子的学习 —

在学习需求方面，妈妈只须重点关注一个要点，那就是**孩子的学习胜任感**。

很多父母因为急着培养孩子的自律能力，而不断破坏孩子的胜任感。

比如，有的父母规定孩子放学后先做作业，做完作业才能玩，结果孩子没玩成，作业也磨磨蹭蹭到很晚都没做完；还有的父母会在孩子写作业时守在孩子旁边，不断提醒孩子不要走神、不要磨蹭。

在孩子还没有取得学习的胜任感之前，对孩子要求过高，不仅不能帮助孩子，反而会削弱孩子的学习动力。

孩子一方面知道自己要完成每天的作业，另一方面又渴望放学后有自由玩耍的时间，于是在时间的分配上，会不时地陷入混乱。

如果放学后光顾着玩，快睡觉了作业还没写完，想到第二天无法上交作业，孩子会感到极大的压力，有的孩子甚至会出现特别暴躁的情绪。

如果在父母的唠叨催促下，放学后先做作业，但是因为玩的需求没有得到满足，做作业时总是心不甘情不愿，效率自然不高。

孩子在用手机或平板电脑完成作业时，忍不住点开了游戏，时间一晃就过去了很久，担心、愧疚等各种情绪交织在一起，无法消化，可能会选择逃避现实，继续沉迷在游戏里。

甚至还有些孩子因为熬夜写作业，睡眠不足，白天上课打瞌睡或走神。

这些时不时冒出来的混乱感受，让孩子严重缺乏对学习的胜任感。

其实，每个孩子都喜欢规律、放松的生活，都希望自己拥有对学习的胜任感，所以当你发现孩子出现做作业拖拉磨蹭、上课不专心等问题时，不要急于责怪孩子、强迫孩子按照你的期待去做，而要意识到，孩子此时需要你的帮助。

我们家乐乐是一个很容易被有趣的事情吸引的孩子，所以在小学四年级之前，因为贪玩而忘记写作业、第二天早上 6 点爬起来补作业，或因为作业压力大而磨蹭到晚上 12 点才写完的情况都出现过。

每一次，我都完全尊重乐乐自己的意愿。他坚持要写完作业再睡，我就陪他到 12 点；他想第二天早上起来补作业，我就第二天早上叫他早点起床；他忘记了写作业，需要妈妈向老师解释，我就帮他解释。但是，该补的作业还得补，该接受的老师的批评和惩罚还得他自己去承担。

我能做的，就是尽可能让他自己去体验，因为我心中所有的大道理都是自己活了几十年，"撞"了无数次"南墙"才悟出来的，孩子没有这么多的体验，怎么会听我们的劝诫呢？同时，在他感觉有压力的时候，因为被批评而伤心难过的时候，为作业没做好懊恼的时候，我们要陪伴在他旁边，帮他舒压，安抚他、理解他、鼓励他，让他知道，他已经做到了他当下能力范围内的最好，很多人都会经历同样的过程。帮助孩子学会接纳自己，也会提升孩子的胜任感。

终于，在体验了很多补作业和赶作业的痛苦后，乐乐在小学五年级时基本做到了初级的自律。

每天什么时候起床，什么时候吃饭，什么时候写作业，什么时候跟同学玩，什么时候看自己喜欢的书，什么时候创作科幻小说，什么时候练习扬琴……他都完全能够自己安排和完成。

虽然乐乐偶尔也会有起晚和睡觉前赶作业的时候，但我觉得，对一个小学生来说，他已经做得不错了。而他通过自己的体验慢慢培养出的自律能力，带给了他极大的胜任感。

所以，不要为了培养孩子的自律能力而不断破坏孩子的胜任感，要知道，在每一次自主安排时间的锻炼中，孩子的自律能力才会慢慢建立起来。

还有一些父母为了培养孩子的抗挫能力而破坏孩子的胜任感。

比如，有的父母给孩子报了很多兴趣班，把孩子每天的日程安排得特别满，孩子几乎没有放松和玩耍的时间。

有的父母会给孩子布置额外的作业，让孩子多做题、多练习，认为这样既有助于孩子学习成绩的提升，又培养了孩子的抗挫力。

还有的父母经常对孩子大吼大叫、批评打击，美其名曰培养孩子的抗挫力。

如果你认为培养抗挫力就是要让孩子多吃苦、多经历失败、多体验被打击的感觉，那真是对抗挫力的极大误解。这些错误做法会让孩子的抗挫力越来越差。

抗挫力的核心是孩子的心理弹性。什么是心理弹性呢？好比我把一个玻璃杯子往地上一摔，啪的一声，玻璃杯子摔碎了，再也不能恢复原状了，这就叫"没有弹性"；而我把一个小皮球往地上一扔，啪的一下，小皮球弹起来回到我的手上，没有任何损坏，这就叫"有弹性"。要判断孩子的心理是否有弹性，要看孩子经历挫折后，心理状态能不能快速恢复到以前的样子，如果能，就叫作有心理弹性。

我们在培养孩子的抗挫力时，重点不是让孩子吃多少苦，经历多少失败，体验多少被打击的滋味，而是当孩子体验到挫败感时，父母是否能够陪伴在他身边，理解他的感受，安抚他、鼓励他，给他支持，帮助他更快地恢复正常。想要培养孩子抗挫力，一定要让孩子越来越有希望和信心，而不是让他越来越绝望、没有信心。

在孩子 6 ~ 12 岁期间，如果你能够不断增强孩子的胜任感，让孩子感到自己越来越有能力顺利地完成学习任务，孩子就会越来越勤奋，今后独立生活和承担任务时会充满信心；反之，孩子会很容易自卑。

⊖ 读懂二宝家庭的孩子

现在，有两个孩子的家庭越来越多，大宝打二宝、二宝欺负大宝、大宝二宝整天争吵打闹等情况让很多父母非常烦恼。如何才能让两个孩子相亲相爱呢？

这个问题其实涉及两个方面，一是两个孩子对父母之爱的争夺，二是两个孩子之间的亲情构建。

— 如何处理两个孩子对父母之爱的争夺 —

在有两个孩子的家庭中，两个孩子争夺父母之爱是非常正常的，也符合人的本性。每个孩子都想拥有父母更多的爱，想让父母更爱自己。

雄雄 1 岁半的时候，我给雄雄买了一辆滑步车，乐乐见了马上问我："妈妈，我小时候你给我买过这种车子吗？"

我如实回答："你小时候，妈妈给你买的是扭扭车，因为那时候滑步车还不太流行。"

乐乐马上就不高兴了。我知道，他不高兴的原因并不在于我没有给他买滑步车，而是他感觉妈妈对他和弟弟的爱不一样。

我只好继续向他解释："妈妈对你和弟弟的爱是一样的，但并不代表给你俩买的任何东西都一模一样，因为你俩的年龄不一样，你俩的偏好不一样，你俩出生时的环境也不一样。妈妈给你买了一整面墙的书，而弟弟只有几十本书，但是妈妈对你和弟弟的爱是一样的，明白了吗？"

乐乐这才释然了。

两个孩子总会比较父母给他们买的东西是否一样，或者父母陪他们的时间是否一样多。这并不意味着孩子在意这些事情，而是意味着他们在争夺父母的爱。

一位妈妈曾对我讲，她的两个孩子每次喝牛奶时都要比较妈妈倒进两个杯子的牛奶是否一样多，妈妈是否会同时把牛奶递到他们手上。

孩子们错误地认为，只有拥有和另一个孩子一样多、一样贵重甚至一模一样的物品，或者父母陪伴自己的时间跟陪伴另一个孩子的时间一样多、陪伴自己做的事情和陪伴另一个孩子做的事一模一样，才能证明父母也爱自己。所以他们会没完没了地比较。

在上文的例子中，10 岁的乐乐还在用"我小时候妈妈是否给我买过弟弟那种滑步车"来衡量我对他的爱是否和对弟弟的一样多。

你知道了孩子行为背后的需求，就可以用爱破除孩子的错误认知，就像我对乐乐做的解释一样，给孩子吃下爱的定心丸，孩子就不会执着于简单的比较了。

如果你确实忽视了其中一个孩子，就要尽快做出弥补和调整，安抚孩子受伤的心灵。

— 如何让两个孩子相亲相爱 —

乐乐特别羡慕其他小朋友有弟弟或妹妹，经常缠着我给他生个妹妹，但我生下来的是弟弟雄雄。而乐乐并没有觉得失望，还马上调整预期，对我说："有总比没有好。"

所以，我一直觉得特别幸福的是，雄雄在乐乐的期待中到来，这也是两个孩子相亲相爱的重要基础。

所以，如果你打算生二胎，我会给你一个非常重要的建议，那就是让大宝也非常渴望拥有弟弟或妹妹，这样，二宝出生后，两个孩子相亲相爱的概率会大很多。

那么，如何才能让大宝非常渴望拥有弟弟或妹妹呢？其实很简单，那就是让大宝得到父母足够多的爱和关注。 缺爱的孩子怎么会愿意父母再生一个弟弟或妹妹，和自己争夺爱呢？

有些父母误认为，给孩子足够的爱和关注，就是毫无底线地顺从孩子。这不是真正的爱，而是溺爱。在溺爱中长大的孩子，会变成"世界唯我独尊"的小霸王，不愿意父母再生弟弟或妹妹，以免他们威胁自己的"霸王"地位。

在本章第二节"把最好的给孩子，是最可怕的礼物"中，我已讲过，什么才是真正对孩子成长有益的爱。

另外，一定要让两个孩子在相处过程中体验到，有兄弟姐妹是幸福的事。

每当乐乐伤心难过时，我都会教雄雄去安慰哥哥："哥哥不要哭，宝宝爱你。"久而久之，雄雄只要看到哥哥哭了，就会主动跑过去，摸摸哥哥或抱抱哥哥，对哥哥说："哥哥不要哭，宝宝爱你。"乐乐听了，情绪立马会好很多。

所以，乐乐几乎每天睡前都会和弟弟道晚安，对弟弟说："雄雄，你好可爱，哥哥好爱你。"

我忙的时候，会创造机会让乐乐陪雄雄，让他陪雄雄搭乐高、给雄雄讲故事、跟雄雄一起玩躲猫猫游戏、把雄雄背在背上玩，或者带雄雄在画纸上涂鸦。这样的陪伴也会让雄雄意识到，有个哥哥是件非常幸福的事情。看到哥哥放学回来，他会开心地扑到哥哥怀里要哥哥抱，看到哥哥非上学时间不在家，也会主动问："哥哥在哪里？"

做好以上两点，让家里的两个孩子彼此相亲相爱就不是难事。千万不要去生硬地要求孩子"大宝要爱二宝"或"二宝要爱大宝"，因为兄弟姐妹间的亲情不是要求出来的，而是他们在感受到彼此的爱后，自然生发出来的。

第四章

魔法 4

冲破原生家庭的束缚

无论我们是否愿意承认、是否愿意面对，原生家庭对我们每个人的影响都是存在的，即便你尽力回避，也无法抹掉或忽略它。

也许你不想成为自己母亲那样爱唠叨和抱怨的人，可在亲密关系里，你一不小心就成了她的翻版；也许你不想成为自己父亲那样动不动就打骂孩子的人，可在亲子关系里，你一不小心也成了他的翻版。

我们必须非常努力，才能让自己尽量少受原生家庭的负面影响，给我们的孩子更好的原生家庭环境。

所以，我非常希望能够陪伴更多妈妈成长为有力量的深度陪伴 CEO，冲破原生家庭的束缚，拥有更加美好的人生。

本章会带领你去探索内心深处十分脆弱的部分，学习如何冲破原生家庭的束缚，寻找让自己拥有更美好的人生的具体方法和路径。

142

走出原生家庭的阴影

◯ 把孩子当作自己的镜子

原生家庭对一个人的影响是潜移默化的，也是深入骨髓的。我曾经完全不觉得自己像我妈妈，但是和乐爸刚结婚时，我一回到家就会赶紧换拖鞋、做饭、打扫卫生，如果乐爸看不到我的辛苦，我就会抱怨，简直和我妈一模一样。

所以，原生家庭对我们的影响，我们需要借由身边的镜子才能看见。而我认为，最好的镜子就是自己的孩子。

有人说过这样一句话：父母是原件，孩子是复印件，复印件出了问题，原因一定在原件上。

作为孩子的妈妈，如果我们能够多一些觉察力，就会发现，孩子身上的某些"毛病"，或许正是我们自己性格的映射。

比如，孩子喜欢抬杠，得理不饶人；孩子生气时不表达真实想法而喜欢说反话……这些"毛病"的源头，可能恰恰就在我们身上，因为我们平时也习惯了这样的表达方式。

如果我们能够在发现孩子的这些"毛病"时，不急于指责孩子，而是反观自己，就能以孩子为镜，不断完善自己，修正"原件"，从根本上解决问题。

来自一位深度陪伴学员的分享

有一个周六，我陪 7 岁的女儿参加亲子绘画课，课堂上，老师要求家长坐在孩子的后面，孩子在桌子上画画，家长拿着画板画画。

那天的主题是画绿萝，老师先讲解了绿萝的特点和画绿萝的基本要点。开始画画后，我在很认真地画，女儿却不停地对我说："妈妈，你用错笔了""妈妈，勾线笔这里要用粗的""妈妈，这里要用细的""妈妈，绿色不是这样涂的，我们要涂渐变色。"

女儿一直在说我，我觉得她好烦人，怎么那么唠叨。我对女儿说："你可以安静一下吗？妈妈现在需要安静。你一直在那里说我，我都不知道怎么画了。你去画你的画吧，否则到下课时你还没画完。"然后女儿才开始专心画她自己的画。

等我画完线条，开始涂颜色的时候，我突然想到，女儿刚才那种表现，完全再现了我平时在家对她唠叨的样子，真的很像！平时她在家画画，我会在旁边看，看着看着就开始着急，一着急就开始念叨："哎呀，这里不应该这样啊！"有时候看到她好久没动一下，我就会说："你要不要休息一下？去外面看看鱼，看看树。"女儿就会一本正经地说："妈妈，你打扰到我了。"

那一瞬间，我觉察到自己平时在家真的太唠叨了，孩子学我学得很像，这就是潜移默化的影响。

有句古话叫作"人贵有自知之明"。也就是说，一个人如果能够对自己有清晰的认知，就已经很了不起了。绝大多数人对自己的认知都有着很大的偏差。

比如：

你可能认为自己是一位好脾气的妈妈，但实际上你动不动就对孩子发脾气；

你可能认为自己一点都不唠叨，但实际上孩子觉得你很唠叨；

你可能认为自己对孩子的要求一点都不高，但实际上你对孩子的要求非常高。

这个时候，我们就需要孩子这面镜子，帮我们看到认知偏差的部分，这样我们才能有所成长。

就像我们家乐乐，他会在我着急时对我说："妈妈，你的性子太急了，我没有你那么快，你要耐心一些。"有了乐乐这面镜子的提示，我就会慢下来，耐心等他一会儿，而不是没完没了地催促他。

所以，从某种意义来说，我这样天生急性子的人能够慢慢变得平和，最大的功劳属于乐乐。

作为家庭的深度陪伴 CEO，我们要用好孩子这面镜子，不断加深对自己的认知，也让孩子真正感知到我们对他们的爱。

⊖ 疗愈"不被爱"的感受

我曾经对我的妈妈有很多怨念，最大的怨念大概就是，无论我对她表达多少我的感受，她永远都没有回应。

小学时，我被同学欺负了，回到家后不仅得不到安抚，反而会被妈妈责备一通："肯定是你先招惹了别人，要不然别人为什么独独找你麻烦，而不找其他人？"

中学时我开始住校，时常因为想念妈妈而难过，有时也会因为自己不太会洗衣服等生活琐事而产生挫败感，但每次妈妈来看我时，我跟她说起我的感受，她从来没有给过我正面回应，只会问一句："在学校吃得饱吗？"

参加工作后，我一个人面对职场中的酸甜苦辣，有心酸有难过，更有愤慨，给妈妈打电话时，每次都是刚起了个话头，话题就被她扯到了九霄云外，不是讲某某邻居嫁女儿了，就是问"你想吃什么我给你寄过来"，我心里的话就被活生生憋了回去。

直到有一天，我在电话里对妈妈大吼："你每次都是这样，从来不关心我过得开不开心、过得好不好，只会问我吃得好不好。我不是小孩子了，这些不是我现在最需要的了！"然后"啪"的挂断了电话。

那一刻我彻底绝望了：也许她从来都不爱我吧。爱一个人，怎么可能总是忽略对方的感受呢？

有好几年的时间，如果妈妈不给我打电话，我也不会给她打电话。我想反正她不爱我，也不关心我，我何必自讨没趣呢？

直到自己做了妈妈，我会每天操心母乳是否够孩子吃，会换着花样给孩子做辅食，会精挑细选地给孩子买食物……我才慢慢明白，我的妈妈不是不爱我，只是在她的心中，不论我多大，我都是那个嗷嗷待哺的小婴儿，需要食物填饱肚子。她没有看到，我早已长大，单纯的食物已经不再能满足我的需求，我更需要情感的交流。

我在走上家庭教育这条道路后才慢慢明白，妈妈从来不回应我的感受，是因为她早已失去了感受的能力。她总是忽略自己的感受，所以无法体会到别人的感受。想到这一层，我开始心疼妈妈，在我出生之前，在我小的时候，她经历了很多艰辛，这些经历迫使她通过忽略感受的方式让自己强大起来。

当我用全新的视角去诠释妈妈的行为，就不再对她怀有怨念，而是开始享受被她当作婴儿来关心的过程。

每当快过年了，她一定会做好两种口味的腊肠给我寄来，一种是我喜欢的辣味，一种是乐乐、乐爸和我的公婆喜欢的不辣的口味。每次把腊肠寄出后，她打电话告诉我时，她的声音就像小孩子般欢喜。

她每每新做了豆瓣酱，也会给我打电话，告诉我给我寄了一大瓶，虽然那一大瓶我一年也吃不完。

她知道我最喜欢吃她腌制的酸萝卜和萝卜干，每每腌制了新的酸萝卜和萝卜干，都会问我，要不要给我寄来。

冬天时，她把老家的新鲜甜糯玉米打成做玉米糊或炸玉米饼的原料，问我要不要真空包装后寄过来。

甚至和朋友一起上山采到了野蕨菜，她也会打电话问我要不要寄一些过来。

因为她知道，这些食物都是我喜欢的，不论我年纪多大、身在哪里，她总是牵挂着和我的饮食有关的一切，这就是我妈妈最朴实的爱。

我以为她不爱我，但是我发现，只是她爱我的方式和我期待的不一样。我过去以为她不爱我，现在我理解了，她也有她的无奈。

很多妈妈经历过与我类似的，甚至比我更加艰难的"不被爱的感觉"，比如：有些妈妈从小感受到父母重男轻女思想特别严重；有些妈妈感受到自己是家里多余的孩子；有些妈妈感受到父母的控制心特别强……

无论你体会到的是哪一种"不被爱"，它们都带着你父母那个年代的时代烙印，它们可能让你伤心过、委屈过、痛苦过、绝望过，但是当你成了母亲，便更有能力去理解这些情感背后的爱，并开始尝试与母亲和解。

其实，无论有多大的误会、多大的情感裂痕，只要有爱，一切都有可能修复。

所以，当"不被爱"的感觉袭来，你可以肯定地告诉自己：这不一定是真相。

这会让你重新振作起来，充满能量。

⌒ 填补"爱的缺口"

小时候缺爱的女性，很容易在亲密关系里索取爱。

和乐爸谈恋爱时，乐爸回应我慢了，我就觉得他不爱我；乐爸没有认可我，我就觉得他不爱我；乐爸不愿意接受我的建议，我也觉得他不爱我；我冲乐爸发了脾气，他不理我了，我还会觉得他不爱我……

我拼命地向他索取爱，这一度让乐爸非常烦恼。现在回想起来，当时的行为很可笑。但是，也正因为自己有这个过程，我才体验到让孩子感觉"自己被爱"对孩子的一生是多么重要，才能坚定地在推广深度陪伴育儿理念的路上前行。

我甚至还会向婆婆索取爱。婆婆在我和乐爸发生争执时帮乐爸说了一句好话，我就很生气，因为我在内心把"婆婆"投射成了我的母亲——你怎么可以只爱他不爱我呢？所以我很生气。

这么大的爱的缺口，我是什么时候补上的呢？是当了妈妈后。

乐乐出生的头两年，我还是一个很容易发脾气的人，发脾气的原因无非是觉得乐爸不够爱我，我想用发脾气的方式让他知道。

后来，我开始学习、成长，慢慢地把注意力放在自身和陪伴乐乐上，我发现自己内心爱的缺口不知不觉被补上了。因为我对孩子是完全敞开的，孩子对我也是完全敞开的，我给了孩子很多很多爱，孩子也回馈了我很多很多爱。

乐乐4岁时的一个傍晚，我和他下楼散步。

乐乐说："我来当妈妈。"

我说："好呀。"

我说："妈妈，我今天遇到了一些难过的事。"

乐乐说："你遇到什么难过的事了？"

我说："我今天在路上被人撞了一下，好疼啊！可是，他连'对不起'都没对我说。"

乐乐马上摆出一副要为我出头的架势，说道："那我去拿个金箍棒，把那个撞你的人打倒！"

看到儿子要为我出头的豪气样，我的心里涌上一股暖流。

可是转念一想，我平时安抚他可没这么容易啊！我决定继续"刁难"他。

我说："可我还是难过。"

乐乐说："你还有什么难过的事呀？"

我说："我今天被一个莫名其妙的人骂了。"

乐乐说："那我再去拿个金箍棒，把骂你的那个人打倒。"

接着乐乐主动问我："你还有什么难过的事吗？"

我回答："没有了，但是我今天好累呀。"

乐乐问："为什么累呀？"

我回答："我今天等车等了好久，等得烦了。"

乐乐说："那我帮你把车上的人全都赶下车。"

（可能他以为只要把车上的人都赶下来，我就能快点坐上车了。）

我差点就感动得"老泪纵横"了。

走着走着，乐乐突然侧过头来深情地望着我，说道："妈妈，我想亲你一下。"

我蹲下身来，让他亲了一下。

他接着说："妈妈，你上班的时候如果想我的话，就把我给你的'魔法亲亲'拿出来。"

我说："好啊。"

乐乐接着说："妈妈，你上班的时候如果不开心，我的'魔法亲亲'可以给你力量哦。"

我回答："嗯，谢谢乐乐。"

他又笑着说："妈妈，你把我的照片带上。这样，你想我的时候，就可以看见我了！"

孩子的爱，不断填补着我内心中爱的缺口，我所有的疲累瞬间消散了。而孩子这些爱的表达，来自他对我的模仿，因为他在刚上幼儿园，总是抱着我的腿不肯进幼儿园时，我就是用"魔法亲亲"安抚他的。

所以，你只需要全身心投入地爱你的孩子，深度陪伴孩子成长，你给予孩子的爱最终会经过孩子回到你的身上，填补你内心深处爱的缺口。这时，你就能体验到深度陪伴、双向滋养的幸福，你才会放下向伴侣和父母索取爱的执念。因为你知道，爱的缺口真的可以靠自己补上。

⌒ 破除 3 种限制性信念

每一位妈妈身上都有无限潜能。我曾听说过这样一件事：孩子踩到松动的井盖，掉进了洞里，妈妈能徒手拎起上百斤的井盖扔到旁边，迅速把孩子救起。

但是，这种潜能大多时候都被压制着，我们很难发现。为什么会这样呢?

心理学上有个概念叫作**限制性信念**。限制性信念会阻碍一个人生命力的展开，而当生命力的展开受阻时，一个人是不可能让潜能得到释放的。如果你想释放自己的潜能，首先要破除压制潜能释放的限制性信念。

常见的限制性信念有三种，分别是无助、无望和无价值。"无助"就是觉得别人做得到，但自己做不到；"无望"的意思是不对任何可能发生的事情抱有希望；而"无价值"则是面对自己喜欢的事却不敢去追求，因为害怕自己没资格追求。

— 破除"无助"的限制性信念 —

一些妈妈本身很有能力，但因为"无助"的限制性信念，她们对自己评价非常低，觉得自己什么都不会，做什么都不可能成功，甚至觉得自己没资格做喜欢的事。

当一个妈妈形成了"无助"的限制性信念，就会经常产生莫名的无力感，对很多事情都没有兴趣，也没有目标，不知道自己想要什么，或者想得多、行动少。一旦出现问题，她就会把责任推给外在的人、事、物，把自己放在"受害者"的位置上。

在成为妈妈之前，我差不多就是这种状态。除了下班后购物、追剧，我不知道自己喜欢什么，也不知道自己未来可以做什么。大把大把的宝贵时间都被我浪费掉了。

每次和乐爸发生争执，我总是把自己放在"受害者"的位置上，觉得一定是乐爸错了，一定要他向我道歉，我的情绪才能得到舒缓，否则我会为此低落好多天。

而在陪伴学员成长的过程中我发现，很多妈妈特别爱学习，这个也想学、那个也想学，一开始满腔热情地去尝试，但没过多久就开始打退堂鼓，最后没有一项课程能学精，花了很多精力和金钱，却还停在原有水平上。其实这也是"无助"的限制性信念在作祟。

想要破除"无助"的限制性信念，首先要去觉察，在出现以上行为时，告诉自己："这不是真相，只是'无助'的限制性信念在影响我。"其次，要少想，多行动，并且意识到，出现问题要自己负责，行动和解决问题的能力将带给你极大的信心和力量，让你慢慢从"无助"的限制性信念中走出来。

— 破除"无望"的限制性信念 —

当一位妈妈形成了"无望"的限制性信念，她就不会主动寻求帮助。她可能会认为，既然不可能得到帮助，寻求帮助还有什么意义呢？

来自一位深度陪伴学员的分享

一天，孩子爸要开车送我爸去医院看病，而我又要带学生上晚自习，家里的两个孩子没人照看。以前遇到类似的事，我都会让孩子爸把两个孩子也带上。说实话我挺担心的，一方面，来回车程差不多两个半小时，孩子很难全程老老实实的，小宝有时还会哭闹，我怕老公开车分神；另一方面，医院有那么多病人，我担心孩子被传染疾病。我从来没有想过找邻居帮忙，因为我觉得每家都有自己的事情要忙，别人哪有时间帮我呢？在我看来，找邻居帮忙是完全不可能的事。

但经过学习，我的思维模式变了，我鼓起勇气联系了小区里一个相熟的妈妈，问她晚上是否可以帮我照看两个孩子。她很爽快地答应了，并且还主动提出帮我把孩子从幼儿园接去她家，在她家吃饭。她带着自己的女儿和我的两个孩子一起散步，不时用微信拍照片和视频给我看，告诉我孩子们在一起玩得挺好的，我可以放心。后来孩子爸爸去接他们回家，他们还舍不得走。

如果不是因为学习打破了我自己给自己设置的限制性信念，遇到这种事，我可能还是会选择独自面对，把自己搞得焦头烂额、疲惫不堪。

之前，这位妈妈再累都选择一个人扛，是因为她坚信别人没有时间帮自己，也不可能帮自己，所以从来不会主动寻求邻居的帮助。破除掉这一惯性做法后她才发现，这只是自己的限制性信念而已，邻居其实很愿意帮助自己。

如果你和这位妈妈一样，从来不主动请求帮助，可以试着向内觉察内心深处的"无望"限制性信念，然后勇敢地开口寻求帮助。

— 破除"无价值"的限制性信念 —

当一位妈妈形成了"无价值"的限制性信念，就很容易因为伴侣的某句话而触发心中"他嫌弃我""他不爱我了"的不安全感。她甚至还会放大挑战和问题，过度焦虑，害怕与别人建立情感连接，害怕自己成为别人的负担；她也很难与别人合作，因为一旦合作不成功，她就会自责，觉得自己"无能"。她还会不断追求自己没有的东西，而忽略自己已经具备的能力和价值。

来自一位深度陪伴学员的分享

我家最近在看房子，准备买一套两居室，但是手上的钱不足以买那些地段好、品质好的房子。晚上，丈夫敲着计算器对我说："现在的工资太低了，如果能再高一些，我们就可以多攒些钱买更好的房子了。"

我心里"咯噔"了一下，这已经是丈夫第三次提起我的收入问题。我本来就为此自卑，前两次他提起，我都不好意思地打岔过去，但现在我不想再逃避了。我心如刀绞，仍然重复着以前的反应模式。

"因为我收入低，所以丈夫不爱我"，这种想法让我长期觉得自己低人一等。

当这位妈妈误以为丈夫对自己的收入不满意时，她心中"他嫌弃我""他不爱我"的不安全感和恐惧就被触发了，她感觉自己低人一等。但是当她开始练习深度陪伴课堂上学到的方法后，她觉察到了自己的惯性模式，并且接纳了现状，认为"我只是收入比较低，这是我目前能做到的最好了"，事情就发生了变化，她才看到了真相。

思考了几分钟后，我在心里做了个深呼吸，很认真地对丈夫说："我也无时无刻不希望自己的收入能再高点，我非常努力地工作，可收入不高是事实，每次你提起这个问题，我都有很大的心理压力，如果你真的很在乎这件事情……"

还没等我说完，丈夫就急促地打断了我的话，他看起来有点紧张，对我说，他从第一天认识我起，就没在乎过我的收入，他提起这个问题，只是很客观地帮我分析目前我所在行业的整体情况。最近他在找房子，会计算各种费用，就不自觉地算起了我的收入，但他让我不要有心理压力，做好自己的事情就行。

丈夫后来还说了些安抚我的话，这个结果完全在我预料之外。其实在沟通前，我已经做好了最坏的打算，我也说服自己接受最坏的结果，没想到丈夫是这样的想法，我还感动了一下，原来把话说明白是如此重要。

你看，这位妈妈接纳了自己的现状，才发现对方根本没有嫌弃自己。这时，她就能走出"自以为无价值的不安全感"，并看见爱、感受到爱。当一个人被爱包围时，也是这个人最能感受到自己价值、能量最高、潜能最容易释放的时候。

很多全职妈妈脱离职场太久，生活中除了孩子就是家务，很容易因为孩子不听话、发脾气、哄不住，或者老公对自己做的饭菜、带娃的方式有异议，而沮丧低落。

有些全职妈妈只要一看到孩子哪件事没做好，负面情绪立刻就上来了。

如果你也是这样的妈妈，你很可能被"无价值"的限制性信念影响了，你的潜意识认为，家人对自己有异议，就等于自己没有价值；孩子学习不好，就等于妈妈没有教好，也就等于自己没有价值。

要破除"无价值"的限制性信念，一定要避免用"孩子学习好坏""家人是否认可我"等作为标准来评估自己的价值。如果把自己放在一位深度陪伴CEO 的位置上去评估，你会发现自己每天都价值感满满。

今天你为孩子看了一本育儿书，说明你在为更好地养育孩子而努力，这是你作为深度陪伴 CEO 的价值体现。

你参加了一场妈妈沙龙，这也是你的努力，是你作为深度陪伴 CEO 的价值体现。

孩子做作业还是拖拉磨蹭，但放学后玩得很开心，对你说"妈妈，你是世界上最好的妈妈"，这是孩子发自内心的爱，也是你作为深度陪伴 CEO 的价值体现。

孩子爸爸回到家，吃了一口你做的菜说"太咸了"，但是你没有自责，而是接纳了自己没做好菜的事实，这是你爱自己的表现，是你的成长，也是你作为深度陪伴 CEO 的价值体现。因为只有爱自己，你才有能量照顾好孩子和家人。

假期你带孩子回父母家，父母一直嫌你给孩子吃得太少、孩子太瘦，还指责你太娇惯孩子。你没有生气，而是"左耳进右耳出"，因为你知道，那是他们的认知，不是事实。面对亲人的质疑，你更有定力，不质疑自己，这也是你的成长，是你作为深度陪伴 CEO 的价值体现。

每一天，你都能看到自己作为深度陪伴 CEO 的价值，你还会陷入"无价值"的限制性信念旋涡吗？当然不会！

绽放自己，才能做高能量妈妈

○ 拒绝比维持关系重要

没有任何人可以脱离关系生存，也就是说，每个人只有处在关系中，才能更健康、更快乐地生活。然而，有时候，很多妈妈会为了维护关系而委曲求全，不敢表达自己的真实需求。

来自一位深度陪伴学员的分享

一直以来我都很清楚自己不自信，还害怕这种不自信被别人发现。

比如在人际交往中我很害怕冲突与矛盾，不敢大胆表达自己的真实想法。

在公众场合演讲时我会胆怯、紧张；我不敢做销售工作，害怕被人拒绝；我敏感、脆弱、容易受伤，找不到自己的核心价值和绝对优势；我不习惯夸奖别人，也不享受别人的夸奖……

这些不自信的表现让我把很多能量消耗在矛盾和纠结中，不敢有自己的梦想，不敢畅想未来。

回顾自己在生活中不自信的具体表现，我发现自己在人际交往中为了避免冲突、矛盾或者尴尬，很多时候会选择委曲求全，跟随别人的想法。

有一次，我和朋友一起带孩子出去玩。朋友提议带孩子去吃冰激凌，我没有大胆地表达不想给孩子吃冰激凌的想法，怕引起尴尬或让对方不悦。

通过学习，我意识到，我可以直接对朋友说："真羡慕你家孩子肠胃这么好，吃这么冰凉的东西都没事，我家孩子不习惯吃这么冰的东西，我担心他肠胃受不了，我还是买个别的东西给他吃吧。"

这样的表达既委婉又坚定，既说出了自己的真实想法又不会让朋友下不来台。在这里我学到了委婉而坚定的表达，从不敢拒绝别人变得敢于大胆表达自己的真实想法。

现在我能明显感觉到自己思维模式的变化，以前我在人际交往中难以说出拒绝的话，而我现在觉得，如果委婉而坚定地拒绝了朋友，对方却不能理解，我也不必迁就。

人们很容易把"接受自己不喜欢的事情"视为一种美德。小时候我们这样做，可能会被大人夸"懂事"。为了赢得父母的认可，父母越是鼓励我们"懂事"，我们就越愿意这样委屈自己，以得到好的评价；长大后，我们在职场这样做，可能会被人夸"做事圆融""人缘好"，甚至很多人会误认为这就是情商高的表现。实际上，这和情商高低没有任何关系。

这样做得到的好处，是以牺牲自己的感受和需求为代价的。也就是说，为了"讨好"别人、维持一段关系，而弄丢了自己。这是舍本逐末的做法。

在婚姻中，有的女性为了维护家庭关系，听到男人说自己不会打扮、不够美，就去整容，打扮成男人喜欢的样子，出现在男人面前；被男人说不够温柔，就把自己变成小鸟依人的可人样；听到男人说女人就应该全职在家带娃，明明很喜欢自己的工作，却还是选择牺牲自己来成就对方的事业。最后，你会发现，当你自己不懂拒绝、单纯为了关系而改变自己时，对方也会看不起你的

"低自尊"，你的付出和努力不会被珍惜。

如果你想成为高能量的妈妈，首先要认识到，关系固然重要，但是保持完整的自我更重要，所以拒绝比勉强维持关系更重要。在一段关系中，只有彼此都感觉开心，这段关系才会对双方有滋养。如果你不允许对方做自己，总是迫使对方去做不愿意做的事情，或者对方总是不允许你做自己，总是迫使你做不愿意做的事，这段关系就不是好的关系，更不会滋养彼此。而无法从中得到滋养的关系，不要也罢。

作为孩子的妈妈，如果你自己都不能重视自己内心的感受和需要，总是逼迫自己接受不想做的事，又怎么可能允许孩子做他们想做的事，怎么能允许孩子成为他们本来的样子呢？

从今天开始，你要学会拒绝，不要再委屈自己了。

➲ 满足自己需求比体谅别人重要

很多妈妈从小就被父母教导要懂事，要体谅大人的辛苦。尤其是那些家里有三个孩子，自己处在中间位置的妈妈，更是如此。老大曾经独占过父母的爱，老三现在拥有父母最多的爱，位于中间的你只能用乖巧、懂事、体贴来赢得父母的欢心。

懂事、体贴的结果往往是，想要的东西不敢要，担心父母觉得自己不懂事。

带着这样的童年经历进入婚姻的你会向伴侣不断索取爱，觉得自己在父母身上没有得到的爱应该从伴侣那里得到。但同时，你又往往会把对伴侣的不满全部藏在心里，不向他表达，时间久了，越积越多。

同时你也把对伴侣的期待全部藏在了心里，不表达自己的感受和需求，只是一味地等对方主动观察和发现。你希望对方有一双火眼金睛，能直接看透你的心思，主动做出你期待的事。比如，快过节了，你明明很希望对方送自己某个礼物，但就是不说，发现对方忘记了送礼物，或者送的礼物并不是你想要的，你就会生闷气。你的要求对对方来说真的有点太高了，如果对方也不幸没能拥有好的原生家庭，也在渴求爱、寻找爱，又怎么可能敏锐地发现并及时满足你对爱的渴求呢？

来自一位深度陪伴学员的分享

我已经结婚成家，也有了孩子，但和丈夫经常争吵。我变得容易焦躁，对任何事情都想发脾气。

比如，他说好来接我，但我等了好久他也没有来；回到家时，我看到他瘫在沙发上玩手机，对孩子不管不顾……我忍不住怒火中烧，我们的争吵也越来越多。

我清理桌子时，因为太急躁把水打翻了，这本来是我的问题，但是我满脑子想的都是他接我晚了，害我迟到，所以开口数落了他，导致我们爆发了争吵，一家人那天晚上都没睡好。

婚姻离我想象中的样子越来越远，更加深了我对爱的怀疑和否定，我觉得自己的生活很失败，也觉得自己不值得被爱，是一个无足轻重的人。

因为我的需求没有被认同，我的感受被忽视和指责，所以再美好的事物，我都觉得自己没资格享有。

> 我时而郁郁寡欢，时而信心满满，对丈夫和孩子时而好言好语，时而恶语相加，心中就像有两个小人在打架、争吵，让我一会儿做天使，一会儿做恶魔。

这位妈妈觉得自己婚姻不幸福，丈夫不爱自己，但这并不是真相。她被童年的枷锁禁锢，从来没有勇敢地向丈夫表达过自己的需求。当她意识到问题的根源时，她尝试切换了一下思维和表达方式——用表达自己真实的感受和想法来代替习惯性抱怨。结果，她的感受和之前完全不一样了，夫妻关系也变得越来越好。

> 一天，我身体不舒服，而当时我带着两个孩子，丈夫说要去打球。如果是以前，我会大发脾气，说他不负责、没有担当，甚至对他进行人身攻击，也会说自己如何如何辛苦，而他就知道玩。
>
> 如果我这样做，我们必定又要发生一场恶战。
>
> 我压着怒火，避免了直面接触，用写纸条和微信的方式和他沟通，把自己的想法和感受告诉了他，也把自己希望他如何做告诉了他。
>
> 那天，他为我做好饭，买好药，把小宝哄睡着又带大宝去打球，还关照我，让我休息。
>
> 我突然感觉："哇，生活真美好。"
>
> 虽然只是一件小事，但我看到自己的改变带来了质的变化。真的是"感受好了，行为才会变好"，才能有双赢的结果。
>
> 以前，如果丈夫工作失意，家务没有做好，我总用埋怨、指责、贬低、怀疑、命令的方式对待他。他工作不上进，我为他着急；他在家不干活，我就像怨妇一样指责他。

我尝试改变了沟通方法，结果收获了惊喜。

丈夫最近回来总是闷闷不乐，要么玩游戏，要么去打球，不和我沟通。

我写邮件给他，他告诉了我工作上的困惑和他的担心。他之前之所以不对我讲，是怕我责备他。

我意识到自己以前的沟通方式有问题，于是鼓励他，为他提供帮助。现在，他工作有起色，我会说："我真为你感到骄傲，碰到很多困难，你都努力克服了，还把工作完成得这么出色，得到了领导的好评，你真行！"

虽然刚学会鼓励的我说出这些话还有些生涩，但我在努力尝试改变。

这两个月，我看到他眼中闪着光，人也越来越自信，他的工作朝好的方向发展，他也越来越努力。他的改变让我信心倍增——原来我可以做到，我可以改善夫妻关系，我可以为孩子营造好的家庭氛围。

看到这位妈妈的蜕变，我发自内心地为她感到高兴。没有比一个生命的绽放更加美好的事情了。在回忆自己童年经历的环节，她也终于找到了自己总是不去满足自己需求、总是习惯性懂事体贴的根源。

在课堂上，我们回顾童年生活的场景时，这位妈妈是这样描述的。

童年时代的事像放电影一样出现在我的脑海中，我深陷进去，等回过神来，发现自己已泪流满面。

小时候，我和弟弟得到的待遇是不一样的，我从小就知道自己和弟弟在全家人眼里是不同的。

我是长女，我要让着弟弟，好吃的要让弟弟先吃；我要做好表率，有委屈不能哭，有想法不能表达。我总是被压抑，不敢争取自己的权利。

潜意识里，我觉得自己不配拥有更好的。我极度自卑，但又有很强的自尊心。我总是观察着自己以外的世界。外公外婆的关系不好，爸爸妈妈的关系也不好，他们总是话不投机半句多，轻则吵架，重则打架。

小时候的我会被他们的言行吓哭，我认为是自己做得不够好，他们才会吵架，是我不够乖巧，他们才会水火不容。

我总是小心翼翼，努力讨好他们。他们的一个表情就让我紧张半天，生怕他们又要吵架。他们也从来没有关注过我的感受和需求。

我也渴望得到父母的关爱，渴望和他们亲近。但是妈妈看起来很忙，也很不耐烦，总是斥责我没有做好，我就更不敢和她亲近；我渴望和爸爸亲近，但妈妈看到我去找爸爸就会责怪我。小小的我不知所措，为了迎合妈妈，我渐渐疏远爸爸，但内心极度渴望他的拥抱。

从小到大，我的感受一直被压抑、被否定，我非常孤独和困惑。很多时候我都不知道自己的感受是什么，也不知道自己该如何表达自己的感受。

我经常鼓励妈妈们不要太体贴。累了，不想做饭，就叫一顿外卖，让自己好好休息一下；烦了，就出去玩几天，让自己放松一下；生气了，就直接告诉孩子"妈妈生气了，需要时间冷静一下"，不需要假装自己是365天、24小时都温和的好妈妈。

只有你愿意走出在原生家庭中养成的"体贴别人"的人设，愿意满足自己的需求，才有可能允许孩子不懂事、不体贴，才愿意力所能及地满足孩子，而不会总担心把孩子惯坏。

无论我们的原生家庭怎样，都已经是过去式了，我们不能忽略原生家庭的负面影响，但也不要高估它，更不能把自己所有的失败都归因于它。我们现在是成年人，更是孩子的母亲，不能戴着枷锁前行。夫妻双方总得有一个人先放下童年的枷锁，才能开启幸福婚姻之门，作为家庭的深度陪伴 CEO，你可以先迈出第一步。

对自己满意比被认可重要

很多妈妈很努力地学习育儿方法，用心陪伴孩子成长，却被家里的老人甚至丈夫否定。这时，你会因感到不被理解而难过，也会纠结，到底该坚持自己的想法，还是该顺从家人的意见。

来自一位深度陪伴学员的分享

我家孩子今年 11 岁，从小就是我陪伴他最多。有一次假期，我们把孩子送回爷爷奶奶家，才待了三天，就接到孩子电话，抱怨爷爷这两天"骂"他，爷爷说他没有在八点半之前睡觉，说他总想买小零食吃，等等。第四天晚上，孩子在电话中的语气明显比前一天更生气，说他饿了想吃方便面又被爷爷批评，不想在爷爷家待了。

我尝试和爷爷沟通，爷爷却怪我平时太惯着孩子，还说他开始给孩子设置规则后，孩子的表现比我们带了几年都好，他让我晚上睡前不要给孩子打电话，以免影响孩子睡觉。

我听到爷爷这样说，心里很不服气，委屈、尴尬、难过，感觉爷爷否定了我前面所有的努力。我平时没有宠孩子，该管教时也会管教，曾经还因为他的调皮打骂过他。

接着，孩子爸爸也对我说："咱爸说孩子在老家总是想看电视，而且晚上睡觉太晚了。睡觉比聊天重要，你不要在睡前给孩子打电话了。"

孩子爸爸觉得被爷爷带大的几个小孩在作息方面都表现得很好，会按时睡觉、早起。其实我也就在睡前和孩子聊了20多分钟，我想安抚孩子，让他放松情绪，我知道他不习惯爷爷严厉的管教方式，感到很不适应。

所以，听到孩子爸爸这番话，我气不打一处来，感觉孩子爸爸和爷爷站在一条战线上，一起来质疑我。那种被质疑的感觉特别不好，我的情绪低落了好几天。

后来我冷静下来，明白爷爷和爸爸都是为孩子好，爷爷经常引以为傲的就是他把孩子的作息管理得很好。其实他们并不是质疑我，我也不用因为他们不认可自己就产生情绪，只要我清晰地知道孩子的表现没有爷爷说的那么夸张，我并没有溺爱孩子，我只是能够接受孩子在假期的偶尔的放纵。而且，即便认同作息管理的重要性，我也不赞同使用强制的方式，这样只会让孩子情绪越来越大。孩子就是因为被爷爷强制要求马上改变，所以才会不想在爷爷家待了。

当我不再用孩子爸爸和爷爷对我的评价来评价自己、当我能够认可自己时，我发现，其实我们在育儿理念上的冲突是可以解决的。我耐心地和爷爷沟通，爷爷居然破天荒松口说，可以对孩子更宽松些。第二天接到孩子的电话时，我很明显感受到他没有那么抗拒待在爷爷家了。

如果你把对自己的认可建立在家人对自己的认可之上，你的情绪状态就会随之产生波动，但如果你不需要通过家人的评价来认可自己，你的情绪会更加稳定，你的能量状态也会更高。

还有些妈妈觉得自己的生活一地鸡毛，孩子没养好，丈夫一身毛病，工作也不顺心。越是不满意，就越是"挑刺儿"，脾气也越来越不好，心情很糟糕。

其实这种对他人和外部世界的不满意，也是你对自己不满意的投射。

来自一位深度陪伴学员的分享

以前，我几乎每天都要指责和抱怨女儿好几遍，因为她太磨蹭了，起床、穿衣服、洗漱、写作业、吃饭……做每件事都很慢。我每天都很崩溃，只有反复地指责和抱怨她，才能发泄出不满。

在指责和抱怨时，几乎所有的负面词语都会被我拿来"贴"在孩子身上，孩子爸爸问我："你说的这是咱女儿吗？我觉得咱女儿一直挺优秀的啊！在孩子身后监督她做的每一件事，并给予各种负面反馈，孩子肯定很伤心吧，她会不会越来越差？"

当我对自己越来越满意后，我发现自己已经不知不觉改变了见到女儿的行为不合我的心意就批评她的毛病，我能够静下心来观察女儿想什么。

原来她洗漱慢是因为想把牙齿刷得更干净、把脚泡得更舒服。

原来她写作业并不慢，她还有自己的小计划，先写哪科、后写哪科，她只是在写完作业后没有第一时间收拾好书包，而是先动手做了计划表、成绩记录表等一些她能够想到的有助于解决学习问题的事项。

原来她吃饭慢是想和爸爸妈妈多聊聊今天发生的事，因为爸爸妈妈除了催她写作业就是忙着在微信上联系工作，根本没有时间听她闲聊。

这些发现让我惊讶，原来用不同的心态看同一件事会有不同的感受。我现在觉得女儿聪明、懂事、做事有规划，常常给我惊喜。

你看，就是这么简单。我们觉得生活一地鸡毛，觉得问题都是他人造成的，问题却恰恰出在自己身上。其实，决定我们能量状态的，不是别人对我们的评价和态度，而是我们对自己的评价和态度。

当你意识到这一点，并把问题的锚点从外部转向内部，学会更多地自我肯定，你的生活状态才会发生改变，你的生命之花才能更好地绽放，你的能量才会越来越高。

● 放大优势比改正缺点重要

大多数妈妈从小就很少得到父母的肯定，所以习惯性苛责自己，总觉得自己做得不够好，也总盯着自己没有做好的地方，拿自己和别人比，不停地鞭策自己往前走。看到别人很优秀时，还会自惭形秽。

你对自己的要求和高期待，其实是童年时父母对你的要求。小时候我们误以为只有达到父母的期待，自己才值得被爱，才能够被爱。但是，有些父母对孩子的高期待是无止境的，所以孩子永远无法达成父母的期待。当了妈妈后，你接替了父母的角色，不断鞭策自己，拼命想让自己变成理想中那个优秀的人，你觉得好累，不是在制定目标的路上，就是在为目标拼命奔跑的路上，甚至没有一刻停下来享受已经取得的成绩，为自己的努力和成就鼓掌。

你大可不必沿着这条路一直走下去，你还有另一个选择，那就是放大自己的优势。你已经很好了，只是你的优势没有被激活和放大而已。

有些妈妈特别擅长做美食，不论孩子想吃什么都能做出来，看了美食视频，从来没做过的菜也能做得色香味俱全，那就不妨放大厨艺的优势。

有些妈妈特别擅长做手工，总能带着孩子做出让人惊艳的作品，那就不妨放大做手工的优势。

有些妈妈特别擅长组织亲子活动，每次活动都能让参加的人玩得很开心，有趣又放松，那就不妨放大组织活动的优势。

有些妈妈特别有感染力和带动力，无论分享什么，总有很多妈妈会跟风购买，那就不妨放大影响力的优势。

有些妈妈特别擅长分享育儿心得，特别喜欢记录陪伴孩子的点滴，那就不妨放大表达的优势，成为像我一样的内容创作者。

即便是一位全职妈妈，在深度陪伴孩子成长的过程中，也一定做过很多自己喜欢的事，这些事就是你去发现自己优势和潜能的切入点。

只要你能够自己看见自己的优势，认可自己的价值，你就能找到轻松绽放自我的路径。与不断鞭策自己改掉缺点相比，这条路会让你更加快乐，有更高的自我效能感，也会更容易让你产生**心流体验**[1]。

---

① 心流体验是匈牙利心理学家米哈里·契克森米哈赖（Mihaly Csikszentmihalyi）在 20 世纪 70 年代提出的概念，被认为是提高幸福感、成就感和生活满意度的关键因素。心流体验是一种心理状态，指的是当人们全身心投入一项活动时，对时间和外部环境的感知消失，精神高度集中，感觉自己的技能与挑战之间达到完美平衡的状态。

让家里的老人成为你的"助力"

孩子出生后，夫妻双方都要上班，很多家庭需要老人帮忙带孩子。从血缘亲情来说，老人帮忙带孩子的用心程度是早托班或保姆无法替代的。还有，保姆或早托班的老师都是流动性的照护人群，无法与孩子建立稳定持久的依恋关系，而老人毕竟跟孩子是隔代亲。所以，如果能够很好地处理隔代养育的矛盾，请老人帮忙照顾孩子，一定是最佳的选择。

但是，老人往往会认知固化，养育观念、生活习惯与年轻的父母差异较大，你们之间可能会因此出现矛盾。怎么处理这些矛盾，才能既不伤害一家人的感情，也不委屈自己和孩子，还能让老人成为你养育孩子的"助力"而不是"阻力"呢？

◗ 接纳老人的局限性

乐乐小时候经常生病，我记得他3岁那年发烧了10次，其中1个月还发烧了2次。当时，因为常常去医院，我都快崩溃了。

每次乐乐发烧时，我和孩子的爷爷奶奶总会发生冲突。爷爷奶奶不断催促我带乐乐去医院，而我认为，只要孩子发烧的温度不是太高，并不需要想方设法地退烧。我倾向于给孩子身体多一些自己恢复的时间，让他用自己的免疫力去跟病毒斗争，这样对孩子的身体更好。

可是，爷爷奶奶心疼孩子，实在是没有耐心等待，见我不带孩子去医院，他们会不断施压，对我说："你还是不是孩子亲妈呀？孩子都烧成这个样子了，你还不带孩子去医院，孩子又不是你一个人的，你不能想怎么弄就怎么弄。"

被爷爷奶奶责备，我非常委屈，也特别难受。这时，乐爸也是两边为难，不知道该怎么办，一边是他的父母，一边是他的妻子。最重要的是，他也不确定哪种方式对孩子更好。

其实，我也不确定，因为我不是医生。我看过一些儿童健康管理的书，也学过一些育儿课程，但乐乐是我的第一个孩子，我也没有实操经验，所以当爷爷奶奶不断催促、逼迫我带乐乐去医院时，我只好妥协，我也无法承受"万一孩子出现三长两短"的后果。

记得有一天半夜，我带乐乐去医院排队 3 小时看急诊，最后医生看了 5 分钟，让我们给乐乐喝退烧药然后回家观察。

时间久了，我都能预测乐乐的病情发展过程了。一般是先咳嗽，再发烧、流鼻涕，退烧后，一般还要咳嗽 1 周多才会好。

后来，乐乐的体质越来越差，我带他去医院检查，他被诊断为"急性喘息性支气管炎"，真把我吓到了。我开始接触中医，学习一些小儿推拿、艾灸的知识，认识了一些好的老师，让自己在孩子生病时，能够有底气跟爷爷奶奶说："爸妈，我知道你们心疼乐乐，但是请相信我，我是孩子的妈妈，我一定希望自己的孩子好，我现在正在学习，你们放心，我会把乐乐的身体调理好的，只是需要一些时间。"

在我的学习和努力下，乐乐生病的次数越来越少，即使生病了，恢复得也越来越快，而我和爷爷奶奶的冲突也越来越少了。后来，乐乐再次生病时，爷爷奶奶甚至会主动说："你来决定，我们不管。"因为乐乐的身体变好和我的努力息息相关，爷爷奶奶是看在眼里的。

后来，雄雄出生后，2 岁前也发烧过 2 次，爷爷奶奶也像我一样，已经很淡定了，因为他们非常信任我，知道我有能力处理好孩子的生病问题。

我和爷爷奶奶就乐乐生病的问题发生冲突，其实是因为我无法接纳爷爷奶奶的局限性，自己也没有足够的育儿能力，所以，当爷爷奶奶不认同我的做法时，我只能用情绪去应对。

后来，我能够接纳爷爷奶奶的局限性，并且把注意力放在提升自己的育儿能力上，即便爷爷奶奶仍然不认同我的做法，我也能够更加理性地向他们表达我的理由，请他们给我时间让我处理。随着我不断学习成长，我的育儿能力有了提升，孩子的体质得到了改善，爷爷奶奶都看在眼里，我们的冲突自然越来越少。

所以，核心还是我们要不断提升自己的育儿能力。

● 让老人成为孩子成长的"练兵场"

每一位妈妈都想让老人和自己的育儿方式保持一致。如果老人的做法不同，又不愿意听取我们的建议，我们就很容易抱怨。

你要知道，抱怨只会让自己的能量更低，并不能解决问题。而我们要的是解决问题，因为我们的目标是"为孩子好"。这个时候，理性的做法是，把关注点放在孩子身上，而不是关注老人的做法。

有一天早上，我看到乐乐穿了两件上衣外加一件棉背心，可是那天明明一点都不冷。

我："乐乐，你为什么穿这么多呀？"

乐乐："奶奶让我穿的。"

我："那你自己觉得冷吗？"

乐乐："我觉得不冷。"

我："既然你觉得不冷，为什么奶奶让你穿你就穿呢？"

乐乐："我没办法呀，奶奶非要让我穿。"

我："乐乐，你知道吗？我们每个人都是有选择的，奶奶让你穿是她觉得冷，她出于对你的关心，就让你也多穿点衣服。可是奶奶并没有逼着你必须穿，所以你可以选择不穿。"

乐乐："因为我累了，我不想费心和奶奶沟通，她把衣服穿在我身上，我就接受了。"

我："原来如此，所以你其实做出了选择，你的选择就是接受奶奶的建议。"

乐乐："对。"

我："所以你并不是没办法，而是自己做出了主动的选择。"

乐乐："对。"

我："你看，其实我们遇到任何事情，都可以自己主动做出选择，没有人可以强迫你。即使有人强迫你，至少你的精神和思想还是自由的，你可以自己决定你大脑里的想法，没有人可以强迫你如何想，你觉得是不是这样？"

乐乐："是这样，如果我不告诉别人，别人就不会知道我在想什么。"

我："对呀。"

如果我把关注点放在奶奶的做法上，那我一定会产生负面情绪，埋怨奶奶："怎么给孩子穿这么多，孩子穿多了反而容易出汗，如果吹风着了凉，到时候怎么办？"

奶奶快 70 岁了，身体不太好，平时穿得比较多，所以她无法切身感知孩子的需要。这一点我自己也有过体会，所以我很理解奶奶的局限性。有一次我生病了，很怕冷，一点风吹过来都受不了，要戴上帽子才可以。而乐乐活蹦乱跳的，穿得很少，也不怕风，更不用像我一样戴帽子。如果那时我用我的感知去推测乐乐的需要，也会像奶奶一样，让乐乐赶紧把帽子戴上。

奶奶让乐乐多穿衣服，是出于对乐乐的爱，只不过，她用自己的感知去衡量乐乐的需要，这个认知错了而已。奶奶年龄大了，想改变她并不容易，于是我就把关注点放在了乐乐身上，通过和乐乐的沟通，让乐乐学会主动向奶奶表达自己的需要，而不是被动地接受奶奶的要求或建议，这样孩子反而可以成长得更好。

孩子将来会遇到各种各样的人，我们又怎么能保证，其他人不会像家里的老人家一样，用自己的认知去衡量我们孩子的需要，并强加给他一些东西呢？如果我们作为深度陪伴 CEO，能够把平时和爷爷奶奶的育儿观念冲突看作是孩子成长的"练兵场"，就可以抓住这样的机会，去培养孩子了解自己的需要、清晰表达自己的需要，并学会合理地拒绝别人。这样，我们的孩子反而会成长得更好。

借助权威观点说服老人

俗话说："外来的和尚好念经。"

虽然在很多妈妈眼里，我已经成了一位"育儿专家"，但在我家的老人面前，说到育儿的事，他们也不一定认为我是对的，他们也不一定想听我的。他们喜欢在家庭群里转发育儿专家的文章，虽然有些文章在我看来是博取眼球的胡说八道，但爷爷奶奶看到作者的头衔，觉得对方很权威，就会认同他们的观点。

因为我早就知道"外来的和尚好念经"，所以每当爷爷奶奶分享这样的文章时，我都会认真阅读，挑出里面比较认同的观点向爷爷奶奶表示感谢和认同，然后再找一些我认为既权威又专业的信息和数据分享给他们，这样也达到了统一家人育儿理念的目的。

来自一位深度陪伴学员的分享

婆婆不像我这样关注宝宝的每个细节，温柔细心地照料宝宝。她给宝宝洗澡、放下宝宝、抱起宝宝的动作都很重，她不觉得会弄疼宝宝，只会跟我说"没关系的""不会有问题"，我和丈夫都很困扰。

前天晚上我下班回家，看到婆婆背着宝宝做饭，我走进厨房，宝宝把头仰起来看我，婆婆不知道宝宝的头仰得很高，穿过门框时差点撞到宝宝，我忍着火气对她说一定要小心，她仍然不以为然。

那一刻我清醒地认识到，我必须改变和婆婆的沟通方式了。我不想和婆婆争个输赢，只是希望宝宝平安健康地长大，我相信这也是婆婆希望的。

想明白了这一点，晚上吃饭时，我拿出用手机搜索到的一条新闻，说要给大家普及一个知识："我国每年因为照顾者麻痹大意、疏于照顾而导致的 0 ~ 14 岁孩子的死亡人数约为 16 万。"念完这句话，我看到婆婆脸上第一次出现了吃惊又不好意思的神情。我紧接着说："有些后果，我们真的没办法承担，世界上也没有后悔药吃，所以只能尽可能用心、细心地照顾宝宝。"丈夫在旁边表示了认同，婆婆沉默了一下，最后也点了点头。

一家人都有一个共同的目标，就是让孩子健健康康、平平安安地长大。如果你能够借助权威专家的观点和数据，客观地描述老人的育儿方法对孩子的坏处，以及专家建议的做法对孩子的好处，我想，基于对孩子的爱和关心，绝大部分老人都很愿意做出改变。

了解老人不可理喻的行为背后

其实，很多老一辈人都有"无价值"的限制性信念。这也是很多老人会和子女产生矛盾的原因。

比如，老人为了保证孩子的安全，不让孩子跑动，影响了孩子的运动能力发展，儿子媳妇抱怨老人带孩子的方法不对，而这会让老人内心深处的"无价值"限制性信念变得更强大。有的老人只好在家务方面和补贴子女家用方面做得更多，让子女觉得自己"有价值"。

来自一位深度陪伴学员的分享

我婆婆脾气特别好，连我们家孩子都说，奶奶是我们家从来不发脾气的人。但是好脾气的背后，其实藏着很深的"无价值"限制性信念。

比如，周末我们一家人打算出去玩，我问婆婆要不要一起去。

婆婆会回答："你们希望我去，我就去。"

我会回答："我们当然希望你去。"

我婆婆身体不太好，走久了就容易累。但是因为我们希望她去，她为了体现自己的价值，让自己感受到"我有能力满足你们的需求"，从来不会主动说"我累了，我不想走了"，或者"我累了，今天就不跟你们出去玩了"。

久而久之，我知道了她的身体情况，为了照顾她的身体，我会主动说："妈，您不用跟我们一起出去，我们会照顾好孩子的，您放心。"

可是，婆婆有时也想跟着我们一起出去玩，她担心成为我们的负担，就不会表达自己的需求。于是，又会出现因为我们没有主动邀请她，她就在家里独自待了一天的情况。这背后又是她"无价值"的限制性信念在作祟。

现在，每次周末出门前，我都会跟婆婆说："妈，您如果觉得累，就不用跟我们去，我们会照顾好孩子，如果您觉得身体可以，想跟我们一起出去，我们非常欢迎您一起。"

如果你和父母、公婆相处时有很多矛盾，也可以尝试从"无价值"的限制性信念角度出发，找到他们行为背后的原因，理解他们的做法。一旦理解了他们，你就不会那么容易因为对方而产生负面情绪了。

➥ 这种情况和老人分开住

我也听一些学员讲，她们和孩子爷爷奶奶的矛盾实在到了无法调和的程度。

有些妈妈不愿意给孩子吃不健康的零食，爷爷奶奶表面上答应了，也认同妈妈的说法，私下却不断地给孩子吃。

有些爷爷奶奶和妈妈有矛盾，会故意在孩子面前说妈妈的坏话，甚至对同一件事情，在孩子面前说的，和在妈妈面前说的不一样。

有些爷爷奶奶特别喜欢带着孩子看电视，完全不注意保护孩子的视力，无论怎么沟通都不愿意改变。

有些爷爷奶奶带孩子时状况百出，能力上比较欠缺，妈妈不放心。

还有些爷爷奶奶一生气就打孩子，妈妈虽然心疼，但是改变不了爷爷奶奶的做法。

这些情况确实很难通过沟通解决，我会建议妈妈们和老人分开住，这样彼此都开心一些，对孩子的成长也更有益。

要知道，不是所有问题都可以通过沟通来解决。有时候确实会出现短期内无法调和的矛盾，处理起来要花费很大的精力，遇到这种情况，坦然接受就好。

即便几年内你和老人在某些方面有很大的分歧，甚至有很大的隔阂，但只要有孩子、丈夫这两条纽带在，随着你的成长，你与老人的关系是会发生变化的。

我有一位深度陪伴的学员，因为孩子奶奶重男轻女，生下女儿后，和孩子奶奶的关系非常紧张，甚至因此得了轻微的抑郁症。孩子奶奶从来没有帮忙带过孙女，也从来没有到家里住过，这位学员只在逢年过节时出于礼貌和孝道回老人家里住几天，她从来没想过花费精力去修复和孩子奶奶的关系。

然而，随着她的成长和孩子奶奶年龄的增大，有一年过年回老家时，她意外地发现，曾经让自己特别受伤的婆婆居然变得慈爱了。当然，她也很快接受了婆婆的善意，开始主动地用心和婆婆沟通，她们之间的关系突然近了一大步。

所以，不要担心分开住会伤害关系，有时候，保持距离，反而可以在未来的某一天让大家的心变得更近。

第五章

魔法 5

让整个宇宙都来帮你

当你觉得自己被孩子、工作、生活的压力压得喘不过气来的时候，是否会习惯性"强撑"，告诉自己"再累、再辛苦我都只能靠自己扛下来"？

事实上，你完全不必这样。"强撑"只会让你的能量越来越低，甚至把你最后一点力气都榨干。在这个宇宙空间里，除了你的伴侣、你的孩子，你还有很多资源可以利用，帮助你解决当前面临的育儿问题。要记得，你不是独自一个人。

本章会引领你看到那些你身边触手可及的资源和帮手，让整个宇宙都来帮你。

让学校老师成为你的"帮手"

很多妈妈在和孩子的老师沟通时，总会习惯性把自己放在"听话学生"的位置上，老师说什么都认同。如果老师说孩子表现不好，上课说话、下课后调皮打闹、成绩下滑，妈妈马上站在老师那一边，转头就用和老师一样的方式去批评孩子，甚至把自己的情绪发泄到孩子身上。这样做的结果就是，孩子没有得到老师的理解和支持，也没有得到家长的理解和支持，感觉孤立无援，时间久了，很容易产生厌学的情绪。

也有一些妈妈在相对强势的老师面前特别紧张，虽然对老师说的话并不是很认同，但担心和老师唱反调会得罪老师，不知道应该怎样和老师沟通。

还有一些妈妈听到孩子说某个老师不好，或者孩子表达了对某个老师的不喜欢，不知道该不该相信孩子的话，要不要劝孩子喜欢老师并和老师好好沟通。

家校沟通确实有一定难度，因为这与孩子的情况、老师的性格，各个老师的教学理念都息息相关。

不过，即便很难，你也要有信心，因为家长和学校的目标是一致的，家长和老师都希望孩子成长得更好。只要有这样的共同目标，家校沟通就有方法可循。

☞ 做家校沟通的桥梁

如果老师在向你反馈孩子的问题时，让你感受到的更多的是关怀、理解、支持，我相信让你表达对老师的认同甚至感谢都很容易。

但是老师对孩子的评价也可能很低，比如孩子上课不认真听讲、课间调皮打闹影响了其他同学等，而你眼中的孩子并没有这么差劲。在这种情况下，你不需要认同老师对孩子的评价，但是你可以表达对老师这个人的认同，至少老师是关心孩子成长的，是负责的。我们可以对老师说："谢谢老师把孩子的这些情况告诉我，我会和孩子好好沟通，了解具体原因，然后我再和您沟通。"

站在老师的角度，如果老师知道家长也很重视孩子的学习和成长、对孩子很负责任，老师会很放心；站在你的角度，你也不必违心地去恭维老师，更没有必要站在老师的对立面。

等孩子放学回来，我们在和孩子沟通后可能会发现，孩子真的做了扰乱课堂纪律、影响其他同学的事。

在这种情况下，我们需要去引导孩子改变行为，而正向引导的效果一定远好于负向批评。

首先，我们可以认同孩子的品质，比如，可以对孩子说："妈妈要谢谢你的坦诚，你愿意把真实的情况告诉妈妈，也能够勇于承认自己做的事情，坦诚和诚实本身就是非常好的品质。"其次，再倾听孩子为什么这么做；最后，再引导孩子思考，怎样可以做得更好。

● 消除老师和孩子间的误会

有些老师会对孩子反复出现的不当行为产生误解和负面评判，觉得孩子调皮捣蛋，或者内向胆小；同样地，孩子也可能会因为老师的某些言行而对老师产生误解和负面的评判，觉得老师太凶、不近人情等。

无论是以上哪种情况，对孩子的成长都不好。

作为家长，我们有一个很重要的任务就是帮助老师和孩子消除对彼此的误解和负面评判。

乐乐刚上小学时，觉得英语老师太严厉了，每次上英语老师的课就会紧张，生怕自己出错、出糗，也害怕被老师点名。

有一次，我去参加乐乐班级的家长会，听到英语老师讲她的教育理念，我一下子就喜欢上了这个看似严厉，实则对孩子充满包容和爱的老师。

于是我对乐乐说："乐乐，妈妈听你讲过你们英语老师很严厉，我相信这是你真实的感受，毕竟每个人都喜欢温柔的老师。但是今天妈妈去参加家长会，听到你们英语老师分享了一件事情，老师说有一次课堂上，她让一个同学回答问题，那个同学半天都答不上来，另一个同学迫不及待地打断了那个同学的思考，把答案说了出来，然后她批评了那个抢答的同学。是不是有这样的事情发生？"

乐乐回答："是的。"

我说："妈妈觉得老师做得很棒，她公平地给每个同学回答问题的机会，还尊重每个同学的节奏，这样的公平和尊重真的非常难得。你知道吗？能遇到这样的老师很幸运，至于老师的严厉，每个人都有自己的说话风格，你觉得老师的严厉是针对你个人呢，还是针对你学习上的具体事情？”

乐乐想了想说：“她是针对学习上的事情。”

我又问乐乐：“那你想要一个严厉但对你们公平、尊重你们节奏的老师呢，还是想要一个温和但不公平、不愿意耐心等待你们回答问题的老师呢？”

乐乐说：“我宁愿要严厉但对我们公平的老师。”

从那以后，乐乐对英语老师的印象和评价有了很大的改变。放下了对老师的误解和负面评判之后，乐乐在英语课堂上的表现也越来越活跃，老师对乐乐的正向反馈也越来越多。我也会把老师对乐乐的正向反馈第一时间转达给乐乐。乐乐越来越喜欢英语老师了。

所以，不用因为老师对孩子有不好的印象或评价而忧心，也不用因为孩子不喜欢某位老师就焦虑。

只要你发挥好作为家校桥梁的重要作用，这一切都是可以改变的。

帮助老师理解孩子的节奏

每个老师都有自己的教学节奏，但是未必适合你家的孩子。

这是因为老师的职责不是教好你家一个孩子，而是整个班的孩子。所以，老师的节奏注定只能满足大部分孩子的需求，而不是每一个孩子的需求。

有些孩子特别聪明，学习能力特别强，老师的教学节奏就显得稍慢了一些，孩子会觉得课堂枯燥无聊；而有些孩子学习新事物比较慢，领悟能力也稍微弱一些，那么老师的教学节奏就显得快了，孩子会产生压力。

在这种情况下，不要盲目地被老师的节奏带着走，而要根据情况选择适合自己孩子的节奏。

乐乐刚上小学时作业比较多，加上他写字速度比较慢，每天放学后写作业的时间近 3 小时。

我认为这样下去很可能会影响孩子对写字、写作业甚至学习的兴趣和热情，于是主动和乐乐的老师沟通。我告诉老师乐乐写字速度比较慢，写作业时间太长，这会影响他的学习积极性，所以在沟通后，老师和我达成了共识："作业不做完也没关系""按照孩子的节奏来，重要的是作业的品质而不是作业完成的量"。于是，乐乐顺利地度过了刚上一年级那段特别忙乱的日子。

现在，学校越来越重视学生学习、写作业的积极性和完成作业的品质，而不是机械地要求作业完成率。如果你觉得自己孩子的节奏跟不上老师的要求，也可以采用我的方式，主动和老师沟通，在某个阶段适当减少孩子的作业量，以减少孩子的挫败感和疲惫感，从而保持孩子对学习的积极性。然后，再不断帮助孩子提升写字的速度和学习的能力，让孩子跟上班级的整体教学节奏。

● 帮助老师理解孩子的特质

一般来说，老师在课堂上要面对几十个孩子，老师最主要的任务是完成课堂的教学任务，所以，以下这几类孩子很容易成为老师眼中"令人头疼的孩子"以及"落后的孩子"。

- 从来不主动举手回答问题的孩子
- 总是扰乱课堂纪律的孩子
- 学习跟不上的孩子

如果你的孩子是以上三种类型之一，要想让孩子保持学习的兴趣并且能够在学校得到成长，你必须帮助老师理解孩子的性格和心理需求，这样，老师才知道如何更有针对性地帮助孩子。

如果你了解到，你家孩子从来不主动举手回答问题，是因为担心自己回答错了被同学们嘲笑，或者不确定自己的答案是否正确，那么，你可以告诉老师孩子的心理需求，请求老师的帮助。老师可以在班里强调相关纪律，比如有同学回答提问时其他同学不能插嘴、嘲笑、抢答等，通过这样的方式，让孩子放心大胆地说出自己的想法；老师也可以在私下多鼓励你的孩子，告诉他，回答错了或不完美都没关系，只要能够勇敢地说出自己的想法，就能获得进步和成长。

如果你了解到，你家孩子总是扰乱课堂纪律，是因为他容易受到其他喜欢说话的同学的影响，那么，你可以请求老师把孩子的座位调换到比较安静的同学旁边；如果是因为他想要得到老师的关注，你也可以与老师沟通，让老师了解孩子的情况，避免给孩子贴上"调皮捣蛋"的标签。同时，妈妈在家里要加强对孩子的深度陪伴，让孩子内在"被关注"的需要得到满足，这样，孩子就不会通过扰乱课堂纪律的方式来获取老师的关注了。

如果你了解到，你家孩子学习跟不上，是因为孩子的学习能力比较弱，

188

那你也可以和老师沟通，帮助老师了解孩子的情况，让老师允许孩子暂时跟不上，避免给孩子贴上"差生"的标签。同时，你也需要在家里加强对孩子的深度陪伴，允许孩子学得慢一点，通过持续和反复练习帮助孩子把落下的进度慢慢赶上。

我一直强调妈妈对孩子深度陪伴的重要性，因为你必须比老师更了解你的孩子，才有能力告诉老师你家孩子的性格和心理需求是什么。如果你自己都不了解自己的孩子，又怎么能奢望老师更有针对性地帮助你家孩子呢？

● 不要盲目配合老师

作为家长，配合老师的工作是天经地义的事。但是，如果盲目配合而忽略了自己孩子的特点，反而有可能阻碍孩子成长，导致孩子无法适应学校的环境。

学校教学也是为了促进孩子的成长。作为妈妈，我们要明白，老师是助力孩子成长的帮手。至于什么时候要配合老师，什么时候不该盲目配合，需要具备深度陪伴 CEO 的智慧。

来自一位深度陪伴学员的分享

我家有个男孩子，之前老师经常向我反馈孩子调皮、上课讲话、课间乱跑、违反纪律等情况。我抱着"要多配合老师的工作"的心理，反复告诫孩子，要遵守纪律，不要上课讲话，不要调皮捣蛋。

刚开始，孩子的行为表现好了一些，但过了一段时间，我又被老师频繁反馈孩子作业不认真、听写错误太多、学习态度不端正等，我又着急又焦虑，认为自己已经很努力去配合老师了，也和孩子认真沟通了，甚至还陪他去做听写的练习，但是孩子依旧没有太大变化，纪律的问题越来越多。

老师认为我这个家长没做到位。

那段时间我有一种无能为力的感觉，每天都在焦虑紧张，直到孩子上床睡觉了，才能长长地松一口气。到了后来，我甚至看到老师的反馈就害怕，因为我也不知道该怎么办。有一次孩子不配合，我为难地哭了，感觉养育孩子太难了。最后，孩子厌学了，每天躲在家里不想出门。

直到放寒假，我带孩子回到老家，孩子和我各自回归自然。结合一直在学习的深度陪伴，我意识到，过去的我一直都在"配合"老师，但是有没有一种可能，老师也不了解我的孩子，老师对孩子的反馈是不客观的呢？

于是我和孩子一起讨论了接下来上学的事情。孩子不想回到原来的学校，但是愿意去一所新的学校试试。我们带孩子看了能力范围内可以选择的学校，最终尊重孩子的选择，给孩子换了一所离家更远但是他很喜欢的学校。

本来我还担心他不适应新的学习环境，但一个多月下来，孩子没有出现过纪律问题，学习方面也有进步，老师也从来没有说过孩子调皮捣蛋，甚至以前作业总是做不完的问题也不存在了。

我的心终于放松了下来。孩子换了新的学校后，我发现和老师沟通时的那种害怕感也消失了。和老师沟通时，我会更多地探讨从哪方面出发可以更好地帮助孩子，鼓励孩子看到自己的优势，而不是像以前那样，老师说什么，我全部认可，然后配合执行。

经过这件事，我真正体验到了深度陪伴的价值。我意识到，孩子所有的问题，都可以用深度陪伴去疗愈。

不要把老师和学校当作不得不服从的权威，也不要盲目配合老师，老师希望孩子好，但是老师也有局限性。作为孩子妈妈，我们应该多多深度陪伴孩子，与老师一起帮助孩子。找到适合孩子的方法和环境，孩子的问题行为自然就会消失。

老师和学校都是助力孩子更好地成长的资源，我们要提升自己作为深度陪伴 CEO 的能力，去有效调动和借助这些资源，助力孩子更好地成长。

不要让保姆代替你

很多家庭出于夫妻双方都要工作、家里老人身体不好等原因，只能请保姆来照顾孩子。

这样的家庭其实很容易出现一个问题，就是不知不觉让保姆替代了父母对孩子的陪伴，导致孩子和保姆很亲，而和父母越来越疏远。

一位妈妈对家里的保姆很生气，因为她家 2 岁的孩子和保姆很亲，什么都要找保姆，不找妈妈。妈妈觉得保姆有问题。

而真实情况是，孩子自从出生后就一直由保姆照顾。孩子的爸爸妈妈工作特别忙，每天早出晚归，根本没时间陪伴孩子，白天家里只有保姆，晚上也是保姆带着孩子睡。也就是说，从孩子的角度看，保姆就是自己的妈妈，因为她陪伴自己最多，他们之间的感情也最深。

为什么妈妈在孩子 2 岁时才发现孩子和自己不亲呢？这是因为孩子在 2 岁左右时，自我意识发展会出现第一个高峰期，在这个阶段，孩子的需求会有很大的变化，不再像之前那样，大部分需求都停留在吃喝拉撒等生理层面，而对情感的需求会变多。所以如果大人之前陪伴孩子少，在这个阶段会突然发现孩子和自己不亲了。

孩子出生的头 3 年，是建立**依恋关系**①最关键的三年。在此期间，谁给孩子的深度陪伴多，孩子就会与谁建立"**安全依恋关系**"②。如果你们家保姆给孩子的深度陪伴更多，而你和爸爸忙于工作，很少陪伴孩子，那么毋庸置疑，在孩子的心里，保姆就会变成妈妈的替代者。

千万不要图省事，为了自己晚上睡个好觉、为了让自己更轻松一些，就完全把孩子交给保姆带。这样的结果很可能是，自己轻松了，但是孩子 3 岁前建立的最重要的依恋关系对象是保姆而不是妈妈。而一旦孩子深深依恋的保姆离开了你家，孩子就会丧失安全感，这对孩子的成长是非常不利的。

如果你不想让保姆代替你，你就要和孩子建立安全依恋关系，在孩子 3 岁前这样做：

晚上再忙再累，也要亲自陪伴孩子入睡；

每天早晚都要留出深度陪伴孩子的时间；

跟孩子在一起时重视情感的交流；

孩子 3 岁前，不要离开孩子超过 1 周。

只要你能做到这 4 点，孩子就一定可以与你建立起安全依恋关系，你就不用再担心保姆会变成你的替代者了。

① 英国心理学家约翰·鲍比（John Bowlby）在 20 世纪 50 年代提出了著名的依恋理论。依恋理论认为，婴儿和幼儿会对母亲或其他主要照顾者产生强烈的情感依恋，这种依恋关系对孩子的心理发展和情感健康具有重要作用。

② 20 世纪 70 年代，玛丽·爱因斯沃斯（Mary Ainsworth）通过"陌生情境实验"，发现了依恋关系的四种类型：安全型依恋、不安全 - 回避型依恋、不安全 - 矛盾型依恋和不安全 - 无组织型依恋。安全型依恋表现为孩子信任并依赖照顾者，当遇到困难或情感需求时，能够从照顾者那里获得支持和满足。研究发现，拥有安全依恋关系的孩子在自尊心、社交技能、情绪调节和心理适应等方面表现更佳，而缺乏安全依恋关系的孩子则可能面临更多的心理和情感问题。

为孩子挑选兴趣班不再盲目

很多父母十分舍得为孩子花钱，尤其是为孩子的兴趣班花钱。有的妈妈只要听说什么兴趣班可能对孩子好，身边的妈妈已经给孩子报了，也会给自家孩子报名。

我有一位深度陪伴的学员，在孩子 2 岁多时带孩子接触了乐高课，觉得很好，一冲动就买了近 3 万元钱的课。可是孩子对乐高课的兴趣没有她想象中那么大。每次带孩子上乐高课，她都要花很多精力说服孩子参与课堂活动，往往孩子还没怎么融入，活动就结束了。

妈妈不得已，只能暂停了课程，想着等孩子大一些，没有"分离焦虑"了，可能会喜欢上乐高课。

一年半之后，妈妈发现孩子好像有了"想试试"的念头，赶紧联系了乐高老师，让老师了解孩子的习惯。老师做得很好，全力配合，孩子也慢慢融入了课堂。

正当妈妈认为这次孩子会把课程上完时，孩子提出要妈妈陪着自己上课，否则就不继续上课了。妈妈和老师沟通后，老师答应了，妈妈也做好了陪孩子上课的准备。

可是，渐渐地，班里其他孩子也出现了类似的"分离焦虑"，且其他孩子会指着她的孩子说："她的妈妈一直在班里，我也要我的妈妈陪我，我也要我的爸爸在这里！"为了不影响其他孩子，妈妈只好停掉乐高课，让孩子在家和爸爸一起玩乐高。

后来这位妈妈告诉我，她之所以给孩子报乐高课，是因为早教课程结束了，她希望孩子在上幼儿园之前再上个别的课，刚好遇到乐高课程有优惠活动，觉得很实惠，就报了名。现在想想，这完全是一次冲动消费，给孩子报课完全是自己一厢情愿的临时决策，她并没有提前了解孩子对乐高是否真的有兴趣。

所以，给孩子报兴趣班千万不要盲目，既不要以自己的感觉和期待为依据，也不能光看孩子一时的兴趣，而是要找到真正适合孩子、孩子也喜欢的方向，这样才能让孩子从兴趣班中受益。

◯ 观察孩子的兴趣点

孩子越小，越容易找到自己的兴趣点。3 岁以前的孩子好奇心最旺盛，只要不阻止孩子探索，你会发现，孩子对很多事情都非常感兴趣。

乐乐 1 岁时，我就发现他对音乐特别有感觉，每每放一些节奏感较强的音乐，他就会跟着一起扭动；不到 2 岁时，我带他去商场，走到卖电子琴的地方，他就会坐在电子琴前一直弹，不肯走。

所以，在他很小的时候，我就给他买了一架电子琴，培养他对乐器的兴趣。

后来乐乐长大了，又对钢琴、架子鼓、非洲鼓等乐器产生了兴趣。我会带他去钢琴琴行体验弹钢琴的感觉，也会带他去打击乐音乐会现场感受打击乐，还给他买了非洲鼓、尤克里里等乐器让他去探索。

☞ 挖掘孩子既有兴趣又擅长的

很多妈妈有一个误区，即看到孩子对什么有兴趣，就认为什么值得花时间、花金钱去培养。

其实，孩子感兴趣的，未必就是孩子擅长的。虽然能力可以靠后天培养，但每个孩子的天赋是有差异的。

如果孩子的某项天赋确实差一些，即便孩子对与它有关的事很感兴趣，学起来也会很费劲，很容易有挫败感。

而我们的金钱、时间、精力等资源都有限，与其把有限的资源投在孩子不那么擅长的事情上，为什么不投在孩子既有兴趣，又比较擅长，后天学起来也更容易出效果的事情上呢？

所以，妈妈们不能简单地因为孩子有兴趣就冲动地给孩子报课，而要花一些时间观察孩子是否真的擅长这件事。

乐乐在幼儿园上了跆拳道兴趣班，主动要求我给他报跆拳道课程。乐乐体质比较弱，不太爱运动，当他表示对跆拳道有兴趣时，我特别高兴，赶紧给他报了名。

结果，才上了几节课，他就闹着说太累了，不想学了。整个学期，我不断哄着乐乐，还请老师给他降低了训练强度，才勉强让乐乐上完一个学期的课时。从那以后，乐乐再也没有碰过跆拳道。

乐乐喜欢音乐，我便带他去体验了很多乐器，比如非洲鼓、尤克里里、架子鼓、钢琴，之后他感觉自己有些手忙脚乱，似乎并不能胜任乐器的演奏。直到后来接触到扬琴，他听到琴声的瞬间就爱上了扬琴，同时，上扬琴体验课也给了他很强的成就感，从开始学扬琴到现在，他已经坚持4年多了，一直特别喜欢扬琴。

无论孩子多喜欢做某件事情，如果确实不擅长，学起来又累又挫败，是不会有成就感的。如果没有成就感，把一件事情坚持下来就实在太难了。如果孩子明明很擅长某件事，在这方面也比较有天赋，但偏偏不喜欢家长给他选择的兴趣班，他也不会有动力去学。所以，一定要观察并挖掘孩子既有兴趣又擅长的事，这样孩子学起来才会又轻松又有成就感。

● 适合孩子的才是好老师

找到了孩子感兴趣并擅长的事情，给孩子报了兴趣班，也不意味着孩子一定能在兴趣班里开心地学。孩子的兴趣和兴趣班的老师也息息相关。

乐乐学习扬琴4年多，并不是一帆风顺的。第一年，老师的教学方式比较模式化，要求孩子有深厚的基本功，每天都不厌其烦地纠正乐乐的手型和用力点。而乐乐在这方面好像领悟得比较慢，总是达不到老师的要求，所以越学越受挫，练琴时的负面情绪也越来越多。

我能理解老师的用意：基本功打好了，后面学起来才会越来越容易；否则，如果基本功不够好，以后再纠正就难了。可是，过于强调基本功而磨灭了孩子的学习兴趣，岂不是得不偿失？

后来我给乐乐换了一位扬琴老师，这位老师的教学方式比较灵活，愿意带着开放的态度了解乐乐的学习特点。我建议老师不要对乐乐的手型和用力点纠正那么多，不要要求那么高，让乐乐先体验到学琴的成就感。老师了解了乐乐的情况，认可我的建议，从那以后，乐乐又重新感受到了学扬琴的快乐。

2 年后，有一次乐乐上扬琴课时，老师发现乐乐在弹奏速度方面遇到了瓶颈，原因是他有一个用力点不太对，本来应该用手腕的力量，但他用的是手指的力量。老师指出这点，乐乐立即就改正了，再练琴时，乐乐突然发现："哇，好轻松啊"，练琴的效率一下子就提升了很多。

着力点的问题应该在 3 年前就得到纠正，但我和扬琴老师都选择尊重乐乐的特点，遇到合适的契机再纠正，因为我们都一致认为，孩子的学习成长没有标准流程，每个孩子都是特别的，每个孩子都独一无二。

所以，如果有时候你的孩子无法在某个兴趣方向上取得进展，不一定是孩子能力不足，也可能是没有找到适合孩子的老师。

⌒ 兴趣班不是万能的

有些妈妈是为了尽快解决孩子的某个问题或让孩子得到更系统的训练而给孩子报兴趣班。孩子写作业磨蹭，就给孩子报晚托班；孩子运动能力不行，就给孩子报体能班；孩子写字不好看，就给孩子报书法班。

你是不是有这样的困惑：为什么同样花了钱，别的孩子学习效果很好，我的孩子就没有那么好呢？

乐乐上一年级时是班上为数不多的几个不会跳绳的孩子，他特别渴望学会跳绳。我给他找了跳绳老师，但他还是没学会，非常受挫，提到跳绳就有情绪，我只好亲自陪伴他练习。

陪他练习2天，没有任何进展；1周后，终于学会跳1下，乐乐开心极了；1个月后，可以连续跳5下以上了；1个学期后，可以连续跳50下左右了，只是速度比较慢；1年后，可以在1分钟内跳将近100下了；2年后，乐乐参加学校的跳绳比赛，取得了全年级男子单摇组第二名的好成绩。

答案就在这里：没有任何老师能完全代替你教育好你的孩子。期待兴趣班的老师帮你培养孩子的各种能力，未必能够实现。为什么呢？因为老师需要懂孩子，才知道怎么教才能调动孩子的积极性，孩子学起来效率才最快。而"懂孩子"这个核心技能，恰恰是父母的基本功。如果连你都不懂你的孩子，又怎么能奢望兴趣班老师比你更懂呢？

所以，如果孩子上了兴趣班效果却不好，未必是孩子的能力有问题，也可能只是老师没发现孩子的特质，不够懂孩子。但你最懂你的孩子，你可以通过自己的陪伴帮助孩子爱上某件事，让孩子看到，自己可以做到，可以做好。

让社区和社群成为你的帮手

很多妈妈在有了孩子后，就把时间都给了孩子和家庭，没给自己留出时间去学习、成长，也没有自己的"能量补给"圈子，如果在遇到育儿难题时得不到家人的支持和理解，就会感觉孤单无助。

自然界有一个"熵增定律"，意思是对每一个孤立系统来说，如果没有外部能量的注入，最终都会从有序走向混乱，从活力走向衰亡。对抗"熵增"的最好方式就是把一个孤立的系统打开，与外部系统进行能量交换。

每一位妈妈都是一个孤立的系统，无论我们当下的能量状态多好，如果不去学习、成长，没有自己的能量补给圈子，这种能量状态就不可能一直持续，最终会陷入低能量的状态。

有些妈妈一直劳心劳力，全身心地为家庭付出，但是这种付出好像并没有被家人看到，相反，家人察觉最多的是妈妈糟糕的情绪。妈妈可能没意识到，低能量状态对家庭的负面影响，远超过自己对家庭的正向贡献。

相反，那些坚持学习、成长，有自己的能量补给圈的妈妈，无论状态多糟糕，参加完高品质的妈妈沙龙，甚至只是一个简单的下午茶，整个人都可以容光焕发，对孩子和家人也温柔很多。

想要让自己对家庭的付出产生的正向贡献更大，每一位妈妈都需要拥有更好的能量状态；要想拥有更好的能量状态，就需要建立自己的能量补给圈，打破一个人的孤立系统。

⊖ 找到你的社群圈子

现在互联网这么发达，你可以通过各种微信群、亲子活动平台等找到各种各样的社群圈子，参加亲子活动、妈妈沙龙、读书会……即便是一个住在山里的人，只要有网络，她也可以随时随地与社群里的其他妈妈们沟通交流。

我记得曾经有一位妈妈，每个周末要花4小时从深圳的龙岗往返南山参加深度陪伴的线下沙龙，她说："能有机会和这么多优秀的妈妈一起成长，走再远的路也值得。有时候我会因家人的否定而怀疑自己，但每次来这里，说出自己的心里话，勇敢地表达自己的情绪，得到大家的正面反馈、情感共鸣和支持，就让我信心满满、能量满满。我现在越来越有力量去坚持正确的育儿理念，不再轻易因为家人的否定而自我怀疑。"

我们不一定要学习多少育儿知识，但拥有一个高能量的妈妈社群圈非常重要。

⊖ 充分利用社区的免费服务

除了社群的力量，妈妈们也要充分利用社区的力量。在深圳，每个社区都有"社区党群服务中心"，党群服务中心会开展"妈妈沙龙""亲子活动"等活动，这些活动对所在社区的住户都是免费开放的。

如果你所在的社区也有类似服务，可以多多参加，这也是让自己的能量得到补给的好方法。而且，因为活动地点离家近，交通和时间成本小，你会更容易行动起来。

🖙 找到跟你搭伴养娃的好邻居

除了利用社区的服务，你还可以找到和你搭伴养娃的好邻居互相帮忙。

我有一个朋友，她有两个孩子，一个在上小学，另一个在上幼儿园，她是一位初三的班主任，平时工作特别忙，但是她仍然有很多时间陪伴她的两个孩子。她的秘诀就是找到搭伴养娃的好邻居。

周末她要加班的时候，就会让邻居帮忙把孩子一起带着出去玩。等到她有时间时，她也会把邻居的孩子带出去玩。这样，她只需要付出一半的时间和精力，就能做好对孩子的深度陪伴，同时也为自己的孩子找到了稳定和优质的同伴。而且，她的两个孩子社交能力都很强。

如果你找不到刚好和你家孩子年龄相仿的孩子，也不用担心，你还可以去找和你比较聊得来，育儿理念也比较接近的孩子同学的妈妈。作为同班同学，孩子们可以聊的话题更多、更广，关系也会更加亲近。

二宝雄雄出生前一周，公婆因为老家有事还没赶来，我就提前和乐乐同学的妈妈沟通好：万一我公婆不能及时赶来，那就让乐爸陪我去医院待产，让乐乐去她家里吃饭。

遇到寒暑假，乐乐同学的妈妈也会主动打电话过来，告诉我她可以带乐乐一起出去玩几天，这帮了我很大的忙。

现在很多学校都有延时班，这也是我们可以借助的资源。比如，乐乐的学校在每天下午放学后会有两节课的免费延时服务，一节课是体育活动，另一节课是自习时间，学生可以自愿选择。如果家里的大人都要上班，那么这无疑是最放心安全的选择。

一个人的能量要在关系里才能得到持续的补充，所以妈妈们要多多借助社区和社群的资源，平时多为自己和孩子建立这样的关系，这样，在你需要帮忙的时候，你才不会焦虑。

8 个方法，实现工作和生活平衡

很多妈妈都感觉，自从有了孩子后，自己就像陀螺一样不停地转，生活进入了一个无休止的"忙性循环"。

天刚蒙蒙亮，你就醒来开始忙，争分夺秒地把孩子送到幼儿园，然后赶到公司，在公司至少要忙碌 8 小时。

下班后回到家，你要做饭、打扫卫生、洗衣服、照顾孩子；在孩子睡之前，你还要和孩子一起玩、给孩子讲故事、陪孩子散步、给孩子洗澡；在晚上，特别是冬天，你还要醒来无数次给孩子盖被子、提醒孩子尿尿……然后，你好不容易又睡着了，起床闹钟又响了，新的一天又开始了……

你可能会忍不住问自己：这就是我想要的生活吗？

每个人都不希望陷入高压力的生活循环，然而，我们似乎又逃不开这个循环。我生完乐乐后就是这样熬过来的，所以非常理解这种连喘口气的时间都没有的感觉。

但是现在，我有了二宝雄雄，养娃的负担加重了一倍，却比当年养育乐乐更加轻松，两个孩子也成长得更好。回顾我这一路的成长，我发现，还是有一些方法可以让我们平衡工作和生活的。

追求工作和生活的静态平衡很难，但是我们可以追求动态平衡。那么，什么叫动态平衡？

比如，有段时间乐爸很忙，我就跟他说，只要你回来的时候雄雄还没有睡觉，你就给他读一会儿书，这样比你不陪伴他要好。但是，如果乐爸今天陪读了一会儿，明天又加班到9点多，没时间读了，怎么办？没关系，也许过几天他又可以陪孩子继续读了，不要因为中间加班或出差就默认这件常规的事不用做了。到周末时，还可以抽时间陪两个孩子去户外玩一会儿。把时间拉长到一个月，从整体来看这种陪伴是平衡的，就叫动态平衡。

那么，要想做到工作和生活动态平衡，有哪些方法呢？

◯ 学会借力

在没有其他人支持的情况下，养育孩子是一件非常辛苦的事情。前面你已经学习过了如何邀请爸爸参与育儿，如何让老人成为你的帮手，如何借助社区和社群的力量，等等。

现在你已经知道，自己拥有很多资源。具体该如何做呢？

以让爸爸帮忙分担养育工作为例。想象一下，一天中你最累、最有压力的是哪个环节，有哪些事情。你可以把这些事交给爸爸去处理。

比如，孩子夜奶频繁，你已经严重缺觉了，那么你可以和丈夫轮流喂孩子。如果你是母乳妈妈，你的丈夫可以帮忙把孩子抱到你身边来吃奶，至少你可以不用动。如果是喂配方奶粉，那就更简单了，可以让他自己喂孩子而不用打扰你。

雄雄小的时候，冬天尿比较多，晚上要起来给他更换两次尿不湿，但频繁起夜我会睡不好，早上起来精神很差。因为乐爸睡得比较晚，我就会让乐爸在睡觉前给雄雄换一次尿不湿，这样我只需要半夜再起来一次就好，这样，我不用那么辛苦，乐爸也没有因此而更辛苦。

比如，你每天接送孩子很疲惫，那么你可以和丈夫商量一下，你们两个人一个送孩子，一个接孩子。

乐乐有段时间是在工作日晚上 8:00 ~ 9:00 上体能课，我会把乐乐送到上体能课的地方，乐爸加班回来可以顺路去接乐乐，这样我就能在家哄雄雄睡觉而不用担心乐乐了。

比如，家里打扫卫生时，你可以列出一个清单，然后和丈夫分工，各自负责清单上的事务。比如你负责做饭，他负责洗碗；你负责扫地，他负责拖地。

我们家通常由我买菜、洗菜、切菜，乐爸做饭，我洗碗，因为乐爸最喜欢做饭，他洗碗不是那么细心，而我也很享受洗菜、切菜的过程，我洗碗洗得比较仔细。这样，我们两个人都开心，两个人都不累。

比如，在陪伴孩子时，你可以列出陪伴孩子的分工清单。你负责给孩子讲睡前故事，他负责带孩子下楼运动；你负责周一、周三、周五陪伴孩子，他负责周二、周四陪伴孩子。只要你们双方达成一致就行。即使是周末，你们也可以分工，比如你周六陪孩子，他周日陪孩子。而晚上是你们一家人在一起的时光。

有段时间雄雄早上吃饭胃口不太好，所以我就想在早饭前带雄雄在小区里玩 1 ~ 1.5 小时，多消耗一下他的能量。因为我和乐爸都要工作，两个人都很忙，所以我俩会约定好，一人带一天，这样两个人都不累，也做好了对孩子的陪伴。

一定要把育儿工作进行细化，列出每个人具体可以做的事情，并且给对方提供必要的培训和犯错的空间，让对方什么都不用思考，直接行动就好了。就是这么简单。

除了借助家人的力量和免费的资源，还可以把一些事情花钱外包给专业人士，比如打扫卫生可以请钟点工阿姨，把接送孩子、给孩子做饭外包给午晚托班，偶尔请外包公司来家里给全家人做顿饭，让自己轻松一下；也可以花钱升级家务设备，比如置办洗碗机、扫地机、带烘干功能的洗衣机……这样，你可以把洗碗、洗衣服、扫地的大部分时间节省下来。

这也是借力，因为你花费的金钱可以让你有更多时间和精力做更有价值的事情。

总之，一定要具备借力的思维，不要什么事情都自己一个人默默承担，更不要为了省钱而透支自己的身体。只有你好了，你的孩子才会好，你的家庭才会好。

⬤ 全情投入

在工作上，经常出现的状况是：你已经下班了，但是突然又有工作冒出来，或者突然想起某个工作没做。这个时候，你就会很自然地选择一边陪孩子一边处理工作。但是，一方面，孩子看到妈妈一直拿着手机，感受不到你全然的陪伴；另一方面，你的大脑要同时做两件事情，结果就是你更累，孩子也没有得到有效陪伴。

在这种情况下，最好的方式是做好时间管理和工作计划，在上班期间尽可能高效地把工作做好，尽量不要把工作留到下班后。如果确实有突发情况需要处理，那就拜托家人或可以支持你的资源，让他们短暂地陪伴孩子。在这段时间里，你全然投入工作，不用担心孩子，处理完工作上的事，再全然投入对孩子的陪伴中。

在家的时候，要全情投入家庭。把手机关掉或设置成静音模式，陪伴孩子时不要去看微信、回微信，看邮件、回邮件。全情投入工作和全情投入家庭，可以让你减少因为加班而不能好好陪伴孩子，或因为在家陪伴孩子而无法及时响应工作带来的愧疚感。

如果你实在有很多工作必须在下班后处理，那就需要培养孩子早睡早起的作息习惯，在孩子上床睡觉后再安心地开始你的工作。

总之，不要在陪伴孩子时处理工作事务，也不要在工作时想着家里的事，否则每件事都无法做到专注和高效，你的能量也会被分散，让你无法享受到陪伴孩子时孩子给你的爱的滋养。

让孩子参与到你的忙碌中

如果能够从小培养孩子做家务，那么孩子就可以助我们一臂之力。

在孩子睡觉前，让孩子和我们一起做家务，比如扫地、擦桌子、洗碗，让孩子自己洗内衣内裤和袜子、整理自己的房间和床等。这些事 3 ~ 6 岁的孩子完全可以胜任，即使做得不那么好，至少可以帮我们完成一部分，然后我们在此基础上再做一些，会节省很多时间。

或者，我们也可以和孩子进行分工，比如让孩子负责整理玩具房，我们负责家里其他区域的整理。如果我们可以用游戏的方式去引导，孩子会觉得这是一件有趣的事，而不是不想做却不得不做的事。

即便是 3 岁以下的孩子，也可以帮忙做部分家务。我们家二宝雄雄才 2 岁，已经可以帮我择菜、扫地擦地（虽然打扫不干净）、按照指令递东西。这些基础能力的培养，有助于他以后为家庭做出更大的贡献。

这也是一种亲子陪伴，既可以锻炼孩子的自理能力，也可以让孩子参与家庭事务，最重要的是，可以节省你很多时间，让你的能量更少被家庭事务消耗。

⬭ 弹性工作制

也许你的工作时间很长，你的公司要求周末还要多上一天班，也可能你的行业比较特殊，周末两天都要工作，导致你根本没有时间陪伴孩子。面对这种情况，你可以尝试向上司申请弹性工作制，以兼顾家庭和孩子。

（1）远程办公

每周或每两周可以有一天通过在家远程协同的方式工作。

（2）上早班或晚班

在我以前的公司，很多外籍男同事在孩子刚出生的头两年会申请弹性工作制，早上 7 点前到公司，下午 4 点前离开，以多些时间帮助妻子照顾孩子。

（3）一周上 4 天班，每天工作 10 小时

这样，每周的工作时间还是 40 小时，如果你所在的公司是以结果为导向的，那么申请成功的概率会比较大。

（4）提前或准时下班陪孩子，晚上 8 点以后再回公司工作

曾经有一位在互联网公司工作的朋友问我，每天很晚回家，很少有时间陪伴孩子的人，可以用哪些深度陪伴的方法。我仔细了解了她的情况后，给了她建议：争取在下班高峰期之前到家，抓紧时间陪伴孩子，然后再返回公司继续工作，晚上 10 点多再回家。这样就不会错过孩子的睡前时光。

有些公司可能会涉及机密信息，不让员工把工作带回家；或者，有时全部门都加班，如果我们自己一个人先回家感觉很不好。面对这样的情况，我们不能在家工作，但我们也可以用上述方法灵活处理。

如果以上方法都不行，还可以有策略地规划你的休假时间，保证每个月都有几天可以在家全身心陪伴孩子。

⌒ 高效利用时间

总有一些生活小窍门是让我们可以更加高效地利用时间，比如：

采用可以让你中途休息的烹饪方式。 用带定时功能的电炖锅或空气炸锅和烤箱烹制食物，在这些厨房设备工作期间，你就可以做自己的事情，可以看书学习，或者陪伴孩子，不需要一直待在厨房。

把一些家务集中放在周末做，减少平时的压力， 比如采购食物、打扫卫生等。

剪一个容易打理的发型。 我一直留着简单的直发，不需要打理，在这上面从来不需要花费什么时间。

平时只做轻度打扫。 不需要为了保持一尘不染的家庭环境，每天把自己弄得精疲力竭。我们只需要保证家里整体比较干净，找时间再大扫除就可以了。

前一天晚上为第二天早上的事情做好准备。

人很容易在早上为赶时间焦虑，甚至和家人发生争执。而如果在前一天晚上就为第二天早上的事情做好准备，就可以从容很多。比如，准备好第二天穿的衣服、把第二天出门要带的物品提前放在包里、计划好第二天的工作等。

给孩子选择兴趣班的时候，尽量选择离家近的，或者把周末一整天要上的兴趣班尽量安排在同一个地方， 这样就可以极大地节省接送孩子上兴趣班的时间和交通成本。

养成同一个时间实现多倍价值的思维模式。 比如，我会在上下班路上各步行半小时，这样顺便就完成了每天锻炼身体的目标。在步行的过程中，我还会有意识地放松自己的大脑，多看看天空和远方，这样，我在上下班的路上又顺便放松了大脑和眼睛，回到家就可以精神饱满地迎接孩子们的拥抱，孩子们看到的下班后的妈妈也是开心的、愉悦的、充满能量的。

⌒ 重新考虑你的工作

我并不提倡大家为了轻松一些而换工作，因为办法总比困难多。但是，有时候我们确实不堪重负。如果工作是导致我们生活工作严重失衡的主要因素，就不得不考虑更换工作了。

也许我们需要换到另一个部门，因为那个部门的负责人更有同理心、更能理解年轻妈妈的辛苦，可以给我们更多支持。

也许我们可以换一份离家更近的工作，这样就不需要耗费太多通勤时间。

也许我们可以换一份加班少一些或工作时间相对固定的工作，这样就可以有更多时间陪伴孩子。

有时候，我们不得不在工作与家庭之间做选择。工作机会丢了，以后还可以通过加倍努力找到其他机会；但是，孩子的童年时光一去不复返，有些东西错过了，就是永远错过了。

⌒ 学会抓重点

不论是工作还是生活，如果列一个待做事项清单，你往往会发现，要做的事情太多了，就算有三头六臂也做不完。

其实，按照清单去安排时间，或者突然遇到什么事情就做什么事情，都是非常低效的方法，正确的方法应该是"抓重点"。

把每天需要做的事情中最重要的列出来，先完成它们。这样，即便当天的事情做不完，至少你把最重要的事做了。

假设你今天有 5 件事情要做：陪孩子读书 30 分钟；去菜市场买菜；去孩子学校开家长会；去快递站取包裹；洗衣服。如果你的时间只够完成 2 件事情，那很显然，最重要的是"陪孩子读书 30 分钟"和"去孩子学校开家长会"，至于另外 3 件事，今天不做，其实关系也不大。如果实在需要买菜，也可以通过手机 App 下单，让平台送菜到家。

我陪伴二宝雄雄时，白天要上班，只能在上班前和下班后陪伴他。如果某天特别忙，陪他的时间特别有限，我只能抓一件最重要的事情去做。这件事是什么呢？

我会选择在晚上哄他入睡和陪伴他睡觉，确保他晚上睡觉时闻到的是妈妈的味道，早上睁开眼时闻到的也是妈妈的味道。对小宝宝来说，晚上睡觉时的陪伴比其他任何时候的陪伴都更重要，这决定了孩子的生命底色。所以，虽然雄雄白天和保姆在一起的时间比和我在一起的时间更长，但是他对我的依恋更深。只要有我在，即便因为某种原因要换保姆，他也可以很快适应。

● 给自己预留独处的时间

独处是为了让自己的能量得到恢复；学习是为了让自己有机会走出"熵增"状态，保持高能量。

越是没时间，越要给自己预留时间，让身体得到充分的休息，这样，你才能高效地投入工作，创造更多的价值；越是没时间，越要给自己预留时间，让自己去学习，这样，你才能成长得更快。

独处和学习的时间其实也很容易找到。

你不需要看到什么有趣的课外活动都要送孩子去参加，这样会让你精疲力竭；偶尔叫次外卖也不表明你就是一个不尽职的妈妈；偶尔回家晚了，不能陪伴孩子入睡，偶尔累了，不想给孩子讲故事，也不代表你对孩子的爱就减少了；偶尔哪儿也不想去，让孩子待在家里，也不表明你就是一个懒妈妈。

这些时间，总是可以找到的。

以上 8 个方法，可以助你实现工作和生活的平衡。

结 尾 ————————

父母在自己能量状态不足时陪伴孩子，很容易因为一点小事就崩溃。

如果这时父母还把注意力放在孩子身上，强行进行低效陪伴，父母的能量只会越来越低，孩子的能量也会被影响得越来越低。

正确的做法是，觉察到自己能量不足了，就把注意力收回自己身上，去做一些可以让自己的能量状态得到恢复的事情，然后再去陪伴孩子。这时，你脸上的神色都会变得自然平和起来，陪伴的耐心、品质自然会得到改善。

妈妈们如果想走出"焦虑""压力大""心累"的状态，一定要让自己成为一位高能量的妈妈，把照顾自己的能量状态放在第一位。

我真心希望每一位妈妈都能够通过践行本书"深度陪伴 CEO"的理念，跳出"陪伴孩子就是牺牲自己的青春、时间、事业发展"的认知误区，感受到"陪伴孩子，对自己和孩子都是爱的滋养"。

我认为，深度陪伴 CEO"双向滋养"的理念，是"妈妈"这个角色最需要的一种信念。

我是如何践行深度陪伴 CEO 理念的

学会了这本书中提到的方法，你就可以轻松应对养育孩子和家庭经营中的各种挑战，不再感到孤单无助，也不觉得辛苦劳累，相反，你每天都会体验到深度陪伴带来的滋养。

以我自己给 2 岁多的二宝雄雄做家庭早教为例。作为深度陪伴 CEO，我是这样做的：

我会先按照"多元智能理论"制订一个早教计划，其中包括大运动、精细动作、音乐、语言、空间、数理逻辑、社交等各项能力的训练和启蒙。

接着，我会按照家庭成员的时间、能力、兴趣进行分工。

比如，保姆白天带雄雄户外活动至少 3 小时，我就把他大运动和社交能力的锻炼交给保姆。保姆白天会带雄雄在小区里骑平衡车、攀爬跑跳、玩滑梯等，这些都是在锻炼大运动能力；保姆也会带雄雄和小朋友们一起玩，在这个过程中引导雄雄学会分享、交换玩具、处理社交冲突，这些都是在锻炼雄雄的社交能力。

奶奶很会讲故事，很会唱歌，也很有耐心，所以语言发展、音乐能力的锻炼就交给奶奶。爷爷动手能力很强，所以精细动作、空间能力的锻炼就交给爷爷。爷爷奶奶会在保姆做饭的时候，给雄雄讲故事、听音乐，教雄雄唱歌，带雄雄玩乐高、串珠子、做手工玩游戏等。

乐爸的计划能力很强，并且很有耐心，所以就让他负责雄雄的儿歌、古诗词启蒙。他会精心挑选适合雄雄的儿歌和古诗词，每天上班前和下班后播放。我偶尔也会让乐爸承担讲故事的角色，因为哪怕是同一本书，他读 10 遍也不会感到厌烦。

雄雄正处在崇拜比他大的孩子的阶段，所以每当我们想让雄雄做某件事而他不愿意做的时候，我就会让乐乐告诉雄雄，雄雄会很听话地赶紧去完成。雄雄也特别喜欢跟着哥哥学习，所以我会让乐乐带着雄雄一起做手工、玩耍，并让乐乐把各种好的习惯示范给雄雄。

我会保证每天在睡前陪伴雄雄至少 1 小时，雄雄喜欢让我亲亲抱抱，喜欢摸我的耳朵，我也会和他聊天，问他很多问题，顺便锻炼他的数理逻辑能力。有时候，早上上班前我也会陪他去楼下玩 1 小时，如果下班比较早的话，就再陪伴他一小时。除此之外，我会发挥我最大的优势，给雄雄制订不同阶段的早教计划，帮助全家人更好地理解雄雄的行为或突发的情绪，帮助全家人学会用最适合雄雄天性的方式和雄雄沟通。

作为深度陪伴 CEO，我让全家人都参与了对雄雄的陪伴，并让每个人都发挥了自己的优势价值，让他们都和雄雄建立了非常深厚的感情，同时还省下了上早教班的钱。最重要的是，我并没有独自承担大部分养育工作，所以我不会太辛苦，也不会觉得牺牲和委屈，我可以始终保持好的能量状态，而这种好的能量状态又可以让我更有能力胜任深度陪伴 CEO 的角色，这样就形成了正向循环。

深度陪伴 CEO 理念让我的生命得到了绽放

我是一位有两个孩子的妈妈，从 2012 年我们家大宝乐乐出生到现在，已经过了整整 11 年，在此期间，我一直在践行深度陪伴 CEO 理念，努力经营自己的小家并陪伴两个孩子长大。正因为践行深度陪伴 CEO 的理念，在养育孩子的过程中，相比于我对孩子和家庭的付出，我得到的滋养更多，我的生命也因此得以更好地绽放。

我原本是脾气特别暴躁的人，认识乐爸之后，虽然通过努力改变了很多，但真正让我下定决心改变的，还是孩子。是的，对女人来说，肚子里孕育出的小生命就是这么神奇，让我们心甘情愿地付出全部。

乐乐 2 岁前，我在成都工作，每天过着"朝八晚五"的稳定生活。那个时候的我，没有什么喜好，也没有梦想，下班后最喜欢做的事就是逛街购物或在网上追剧。

乐乐近 2 岁时，我做出了人生中的一个关键决定：放弃在成都的一切，举家搬迁到深圳，尝试探索自己喜欢的事情，把余下的人生活得更热烈，给孩子做好榜样。

我摘录了自己深度陪伴孩子的日记，并分享到我的微信公众号上，吸引了很多妈妈的关注。发表于 2016 年的一篇文章的阅读量突破了 100 万，让我有了更大的动力去坚持分享。几年时间下来，我发表了上百万字的原创文章，并在 2018 年出版了我的第一本书《深度陪伴》。

一开始，我只是分享自己陪伴孩子的心得和经验。后来，越来越多的妈妈告诉我，她们因为深度陪伴的育儿理念而受益，变得更懂孩子，与孩子的关系更加紧密，甚至夫妻关系也得到了改善。当育儿理念与我不同的丈夫也加入进来和我一起做深度陪伴后，我感觉我的人生从来没有如此有意义过。我找到了人生的意义和使命，以及接下来 20 年我要做的唯一的事——**让中国千万妈妈在充满支持和陪伴的环境中深度陪伴自己的孩子长大，让妈妈和孩子都能得到爱的滋养。**

当你有动力学习成长时，就是最好的学习时机

读完这本书，也许你会有一些遗憾，感觉自己错过了孩子过往的成长，自己的一些行为也影响了伴侣的成长。

但是，我想告诉你，学习不分早晚，只要你愿意行动起来，现在就是学

习成长的最佳时机。

有一位妈妈，她认识我三年了，一直都没有完整读过我的书，也没有学习过我的课程。有一天，她突然告诉我，她把我的书认真读了，还报名参加了我的课。她说，以前她也知道陪伴孩子很重要，但就是没有办法下定决心花时间认真学习养育知识、陪伴孩子，而是觉得工作更重要。开始学习后她才发现，孩子的问题其实都是她的问题，她很懊悔没有早一点开始学习。

我告诉她，现在就是学习的最好时机，因为此时你最有学习的动力，当一个人最有动力做一件事时，就是做这件事的最佳时机。

你以前没有学习，不代表你不想学习，可能是因为你还没有勇气去面对问题，也可能是因为你还没有能力看到问题对未来的影响。问题不在于你，而在于整个社会对妈妈们的支持还不够。这也是我努力的方向——让深度陪伴CEO理念覆盖更多的妈妈群体，让妈妈们能够方向明确，放心大胆地前行。

我们的孩子也一样。有时候你已经看到了事情的重要性，但是孩子却没有动力去做。同样，问题不在于孩子，而在于父母。父母不要要求孩子学习，仿佛不学就是没有上进心。其实不是这样的。父母应该回到自身，要学习怎样激发孩子的学习内驱力。当你做到了这点，你的孩子就会在某个时刻突然想学了，这时候你什么都不用讲，孩子就会自觉自主地学。

所以，什么时候开始学都不晚，现在就是最好的时机。只要是你想要的，不是别人强加给你的，也不是别的妈妈让你焦虑，导致你盲目跟随的，那么这种状态就是最好的状态。

越来越接纳自己，越来越理解自己，你的人生就会越来越轻盈。

从现在开始，跟着我一起变身深度陪伴CEO，成为更高能量的妈妈。